（美）罗恩·弗里 著 桑颖颖 朱晨迪 译

高效学习魔法书

HOW TO STUDY

九州出版社
JIUZHOUPRESS

图书在版编目（CIP）数据

高效学习魔法书 /（美）罗恩·弗里著 ; 桑颖颖，朱晨迪译. — 北京 : 九州出版社，2016.7

书名原文 : How to study

ISBN 978-7-5108-4607-6

Ⅰ. ①高… Ⅱ. ①罗… ②桑… ③朱… Ⅲ. ①学习方法 Ⅳ. ①G791

中国版本图书馆 CIP 数据核字（2016）第 189724 号

北京版权保护中心外国图书合同登记号：01-2016-1724

How to Study

25th Anniversary Edition © 2016 Ron Fry.

Original English Language edition published by The Career Press, Inc., 12 Parish Drive, Wayne, NJ 07470, USA.

All rights reserved

高效学习魔法书

作　　者	（美）罗恩·弗里　著　桑颖颖　朱晨迪　译
出版发行	九州出版社
地　　址	北京市西城区阜外大街甲 35 号（100037）
发行电话	（010）68992190/3/5/6
网　　址	www.jiuzhoupress.com
电子信箱	jiuzhou@jiuzhoupress.com
印　　刷	北京画中画印刷有限公司
开　　本	710 毫米 ×930 毫米　16 开
印　　张	13.75
字　　数	150 千字
版　　次	2016 年 9 月第 1 版
印　　次	2016 年 9 月第 1 次印刷
书　　号	ISBN 978-7-5108-4607-6
定　　价	38.00 元

★ 版权所有　侵权必究 ★

HOW TO STUDY

—

目录

学向成功

学习是对其自身的最大奖励。

——威廉·黑兹利特

当我开始着手改编本书时，我无法确定我要对此书做多么巨大的改动。从电子白板到智能手机再到数以百万计的应用和数以亿计的网站，科技对教育领域的改变如此之大，我之前提出的学习建议和技巧是不是过时了呢？

过去十年间的技术进步促使我重新审视此书的每个方面。同样年限的学习任务，现在是不是有了更加容易或者更行之有效的途径呢？现在是不是出现了新的问题需要解决呢？过去的学习建议和学习工具是不是一定过时了呢？

正如法国作家蒙田所说："人应当一直学习。"今天我可以很荣幸地向他报告，如今的好学生和他们当初一样，需要掌握各项基础学习能力。然而，掌握能力的最有效的途径，特别是能够用到的工具，有着显而易见的发展和进步。

因此，此版本的《高效学习魔法书》仍然包括系列贴士、建议和技巧，包括如下方面：阅读、理解和记忆；做笔记，包括做课堂笔记，在教材上做笔记，在借阅书上做笔记和在线笔记；复习并考好所有类型的考试；进行学术研究并写好论文，包括口头报告；在最短的时间内制定学习计划来获得最好的效果。同时，本书也有一些可能看来和学习无关的基本技能，还有在一开始学习时所应该采取的重要步骤。这些都将在本书开篇进行介绍。

从这里开始

学而不思则罔，思而不学则怠。

——孔子

养成良好的学习习惯是你和朋友之间的一场比赛，在宣布比赛胜者之前，必须明确终点线在哪里。换句话说，你怎样衡量你使用这些技巧的能力？什么是好的效果？什么是不好的？

但更要注意的是，如果你不知道起点在哪里，根本无法开始比赛——特别是当你和别人的起点不同的时候！

第一章将介绍学习能力，并明确每种能力所能够和应该起到的作用。这样，你就有机会知道自己的起点在哪里了。

通过第二章，你将知道在何处学习、如何学习和何时学习的重要性，你将能为自己创造最合适的学习环境。

第二章也介绍了一些学习道路上的无形因素：家庭环境、学习态度、学习动力等等。如果你热爱学习并且树立了一些目标，一切都将水到渠成。

阅读和理解

第三章介绍了学习过程中的基本技能：阅读和理解。不管你笔记记得有多好，图书馆去得有多频繁，网络操作得多娴熟，准备考试有多努力，如果你阅读能力糟糕（或者不够好），并且不能理解和记忆所读内容，你的学习生涯会变得很艰难。

用好记忆力

第四章将介绍有关记忆的贴士、诀窍和技巧。这些在之前的版本里因为长度所限不得不删除。但我认为，学习如何记忆数字、长列表、创造联结式故事以及其他的记忆手段非常重要，应当予以保留。

充分利用时间

至此，你们的生活将发生巨大改变，你们中的许多人会学得更聪明，不再需要艰苦地学习。这也意味着你们更好地利用了学习时间——同样花三四个小时，获得了三四倍的学习效果。第五章介绍了很多简单好用的时间管理工具，这能保证你总是走在正轨上。

在班级名列前茅

第六章我会教你如何做各类课堂笔记，鼓励你积极地参与课堂讨论，帮助你从讲课中获得更多知识。

写好论文

第七章会涵盖在图书馆或者网上完成任何写作任务的所有准备步骤，包括从选题到制定长期计划、完成初稿、确立大纲并开始研究。

我仍然简要回顾了两大图书馆分类系统——杜威十进制图书分类法和国会图书馆分类法。我还介绍了在网络上高效开展研究的方法。

第八章在假定绝大多数人完成了研究的基础上，带你回顾整体结构组织和撰写过程，从完成第一稿到完成修订、校对、脚注，再到完成附件和参考书目。本章也用一小部分介绍了书面报告和口头报告的主要区别。

如何考出高分

第九章讲述了应试准备原则，包括：周测、期中考试、期末考试之间的不同；为什么临时抱佛脚没用（除了你别无选择的时候——要引以为耻）；应对不同的考题（多选题、判断题、论述题、开卷考等等）；如何提高蒙题概率；答题的先后顺序。

如何学得更聪明

《高效学习魔法书》是最综合性的学习指南——用最基础、最翔实的步骤指导每一个人精进学习技能。

如果你正在苦读本科或者研究生，这本书将为你的学术生涯保驾护航。

如果你是高中生，正在为进入大学做准备，现在你正好有机会提升你的学习能力。

如果你是长期休学并重返课堂的成年人，书中的学习建议和技巧于你是无可替代的。

如果你是个真正的差生呢？你有多聪明并不重要，重要的是你学得有多聪明。

除了那 2% 的所谓“天才”之外，《高效学习魔法书》可以帮助任何年龄、任何水平的学生。

如果你成绩中上，你肯定能进步；如果你刚刚及格，你肯定能获得很大进步；如果你的学习习惯很好，但因为离开课堂很多年而生锈了，《高效学习魔法书》会帮你找回状态。

就算你是 2% 的“天才”，我仍然认为你能从本书中获得许多有益的技巧。

本书的写作对象

虽然最初《高效学习魔法书》是写给高中学生的，但后来我发现其他读者也能从书中受益。

有意思的是，相当一部分《高效学习魔法书》的购买者是成年人，他们重返校园后，求助《高效学习魔法书》来找回状态。还有一些人离校多年，他们觉得学习以前老师没教过的（或者他们没时间学习的）学习技巧，便能在事业上取得进步。

还有很大一部分购买者是家长，他们有着同样的哀叹：“我怎么才能让小明读书（按时上课、背更多书、拿更高分）呢？”

因此，我来简要地回应每个读者的需求，并且详细探讨他们各自的特殊之处。

如果你是高中生

你应该很能适应本书，因为本书使用的都是短句和短段落，间或有幽默的标题、副标题和用词（希望如此）。毕竟我一开始就是为你们而写的！

但是你应当意识到，你已经处于学校生涯的中间阶段，这个阶段会对接下来的学习产生巨大影响。不要浪费每一分钟的时间，学会学习、掌握所有的学习技能应该是你现在的头等大事。

如果你是初中生

恭喜恭喜！这是你学会学习的最佳时间。现在掌握学习能力不仅仅能让你的高中阶段相对轻松，还能让这个时期变成你一生积极和成功的回忆。

如果你是大学生

如果你是 18 到 25 岁之间的学生，我希望你正在解决高中阶段没有掌握的一两项学习能力。如果你没掌握的能力还有很多，我不知道你怎样才能在大学里取得成功（同样，我也不知道你是怎么进入大学的）。如果你现在从头开始，我对你的建议和对本书的高中生读者一样：学会学习应该是你现在的头等大事。

如果你不是“传统”的大学生

如果你 25 岁、45 岁、65 岁，甚至是 85 岁才重念高中、本科、研究生，你应该比其他人更需要《高效学习魔法书》！你离开课堂的时间越久，忘记的可能性越大，你甚至会忘记应该记住什么！养成良好的学习习惯多早都不为早，多晚都不算晚。

父母能做什么

认真的家长比认真的学生要多，他们会问："我怎样才能让我的孩子学习进步呢？"我现在就列几条学生家长守则：

设置作业区域：不受干扰，光线好，手边有所有必备物品。

布置日常作业：研究表明，有日常作业任务的学生更好管理，也更成功。

以作业为先：必须明确应当先做好作业才能看电视或与伙伴玩耍。

让阅读成为习惯：这一条不仅适用于孩子，也适用于你。孩子会学习你的做法，而不是遵从你的话（就算是你说不准做什么）。如果你总是唠叨着让他们读书，自己却24小时都在看《绝命毒师》（*Breaking Bad*），想想这其中的矛盾之处吧。

关掉电视：严格控制看电视的时间和时长。因为经历过我女儿青少年阶段的狂飙时期，所以我知道这可能是最难执行的建议了。

和老师谈谈：弄清孩子应该学习的内容，不然你怎么知道他们需要什么帮助？

鼓励孩子，但是不要唠叨：唠叨没有用，你越唠叨，他们拒绝得越快。

监督作业：但是别变成帮他们做作业。

对成就进行表扬，但是不要对小小的成绩过度表扬：孩子对虚伪有着天生的直觉。

孩子大一点儿时，帮他认清现实：让你的孩子明白人生并不公平（但方式要温柔），要尽可能给予他们资源来应对这一现实。

确保你的孩子有成功需要的技术：不管年龄多大，孩子必须要通过电脑和网络来应对学业。

在做作业时没收孩子的手机，关掉短信和信息提醒：孩子们会尽力说服你短信、语音聊天和提醒不会影响他们的数学作业，相信这种说法的父母也会相信电视机前是学习的最佳地点。

你准备好学些东西了吗？

你手中的这本书已经是第八版，它帮助学生和家长（甚至是老师）已经超过 25 年了。

学习不该是痛苦和无聊的，虽然有时候你会觉得它二者兼具。我不能保证《高效学习魔法书》会让所有事情变得更容易，它做不到，因为为了你的目标，你必须付出一定努力。但是《高效学习魔法书》能照亮你前行的路，为你指明方向，并且为你的旅程做好规划。

有些课程你可能没办法第一次就读懂或者听懂，甚至第二次、第三次也没法懂，你可能会学得很慢很慢。这并不是你有问题，这门课程可能大家都学得很慢（对我来说这门课程是物理化学），一本烂教材或者一个不积极的老师会让所有课程学起来都很困难。

你肯定觉得有一些课程对以后的人生毫无用处。"我不懂为什么我要学三角函数（或者物理、法国文学、欧洲历史，请自己填空），"你哀叹道，"我从来用不到。"

相信我，这种想法使你连你下个星期需要使用或者记住什么都不知道，更别说下个十年了。就我的经验来说，相当一部分“无用”的信息和学习对我的学术生涯起到了重要作用。

所以什么都要学，沉浸在学习的过程中吧。

我自己认为《高效学习魔法书》是市面上最好的书。市面上当然还有其他的学习指导书，但我认为其中很多书都没有完成它的承诺。

有的书用 6 页纸谈了时间管理，用了 26 页纸谈了睡眠、锻炼和营养的重要性（甚至附上食谱）。

而我不认为应该把时间纠结于这些显而易见的事情上：在你劳累、饥饿、生病、酗酒等时候，任何事，包括学习，都变得更加困难。所以请用常识思维。尽可能保持饮食健康、睡眠充足、身体健康，不酗酒、不嗑药。有的书提出了一些基本的问题：“我为什么要学习？”“我该在哪里学习？”“我应该学习多久？”等等。然后给出作者认为的确切答案：“尽早。”“独自学习。”“一次不要超过一个小时。”

我认为，学习的世界没有所谓的“对”与“错”，就像多选题不可能只有一个正确选项，记笔记当然也没有绝对正确的方式。所以不要误入歧途，特别是当你的学习方式对你奏效的时候。也不要因为一些故步自封的学习专家说你的方法错误，你就改变目前看起来不奏效的方法，他的方法可能才是彻头彻尾的错误。

罗恩·弗里

HOW TO STUDY

第一章

正确开始

凡有所学，皆成性格。
——品达

在接下来的两章，我会帮助你：

› 评估你的学习能力水平，便于你了解自己应该重点努力的方面。

› 找到适合你的学习环境和学习方式。

› 根据你的喜好和成绩，对学习科目进行分类。

如何打分

接下来的篇幅，我将解释本书涵盖的基础学习能力：阅读理解；记忆能力；时间管理；做笔记（包括教材笔记、课堂笔记、借阅书的笔记和在线笔记）；课堂参与度；做研究、论文以及考前准备。请你对你目前的水平和理解程度进行打分："A"（优秀）表明你掌握或基本掌握该能力；"B"（良好）代表部分掌握；"C"（一般或差）代表仅有一点儿掌握或未掌握。

为了让你适应接下来的测验，我们先来进行一个普通测验。阅读下列 28 个问题，思考一下是否符合你的情况。

1. 是（ ）否（ ） 我希望阅读速度更快。
2. 是（ ）否（ ） 我虽然去上课，但是大部分注意力都没放在课堂上。
3. 是（ ）否（ ） 我平时很少复习，但考试前一夜会花几个小时死记硬背。
4. 是（ ）否（ ） 我学东西比较慢，学习同一样东西比大多数人用的时间多。
5. 是（ ）否（ ） 我学习时开着电视，并不时查看手机。
6. 是（ ）否（ ） 我很少按时完成作业。
7. 是（ ）否（ ） 我通常在截止日期之前的一个星期或前一晚完成论文。
8. 是（ ）否（ ） 我用同样的速度和方式阅读所有信息。
9. 是（ ）否（ ） 我基本上不能在互联网上找到所需信息。
10. 是（ ）否（ ） 作业太多，我应付不来。
11. 是（ ）否（ ） 我从来不能按时完成阅读任务。
12. 是（ ）否（ ） 我总是在课上记下错误的内容。
13. 是（ ）否（ ） 我经常忘记交作业和考试的时间。
14. 是（ ）否（ ） 我考前紧张，考得总是比自己预想的差。
15. 是（ ）否（ ） 我经常要读个两三遍才能理解我所阅读的内容。
16. 是（ ）否（ ） 当我读完一段信息之后，我通常不能记住多少。
17. 是（ ）否（ ） 我尽力记下老师讲的所有东西，但经常看不懂自己的笔记。
18. 是（ ）否（ ） 我只能集中精力学 15 分钟，之后就感觉无聊或者分心。
19. 是（ ）否（ ） 我读论文或者报告的时候，需要花很多时间查词典。

20. 是（ ）否（ ） 我好像一直在学错误的内容。

21. 是（ ）否（ ） 我从来不用日历。

22. 是（ ）否（ ） 尽管我考前复习了，但考试时基本都忘了。

23. 是（ ）否（ ） 我没有足够的时间搞好学习，因为我还有社交生活。

24. 是（ ）否（ ） 我不能分辨教科书里哪些是重点。

25. 是（ ）否（ ） 考前复习课堂笔记的时候，我经常不能理解。

26. 是（ ）否（ ） 我讨厌阅读。

27. 是（ ）否（ ） 我的论述题答得差，因为我语言组织得不好。

28. 是（ ）否（ ） 我经常在电脑上花很多时间，但大部分时间都浪费了。

你的答案代表了什么？如果你在以下问题回答“是”：

2、5、8 题——你需要努力集中注意力。

1、8、15、16、24、26 题——你的阅读和理解能力是弱项。

3、14、22 题——你需要找到正确应对考试的方式，减少考前焦虑。

4、6、10、11、13、21、23 题——你的组织能力是弱项。

7、19、27 题——你花了很多时间“写”论文，但不懂如何进行研究和组织论文。

9、28 题——你需要精进电脑技能，学会在互联网上高效地找到相关信息。

12、17、20、25 题——你需要用更好的方法来记课堂笔记。

关键不在于你选了多少个“是”，而在于有多少个“是”是同一方面的问题。

我在下一页列出了几项基础学习技能，在你往下阅读之前，先拿出另外一张纸来给你认为自己的学习能力打分（从“阅读理解”到“考前复习”）。A 为优秀，计 2 分；B 为良好，计 1 分；C 为一般，计 0 分。

如果你的总分在 17 分及以上，你的“最初自我评估”为 A 等；13 到 16 分为 B 等；12 分或者以下为 C 等。

读完下面的内容之后，请把你的得分填入“起始得分”表里，请务必诚实填写。如此你才能在读完本书后，评估自己的进步程度。填完之后请归档保存，读完本书之后再拿出来进行比较。

起始得分表

最初自我认知		A( )	B( )	C( )
①	阅读理解	A( )	B( )	C( )
②	记忆能力	A( )	B( )	C( )
③	时间管理	A( )	B( )	C( )
④	自学教材笔记	A( )	B( )	C( )
	课堂笔记	A( )	B( )	C( )
	借阅书笔记	A( )	B( )	C( )
	在线笔记	A( )	B( )	C( )
⑤	课堂参与度	A( )	B( )	C( )
⑥	论文写作能力	A( )	B( )	C( )
⑦	考试复习能力	A( )	B( )	C( )
总体学习能力		A( )	B( )	C( )

阅读理解

阅读能力有三个重要组成部分：阅读速度、理解能力和记忆能力。理解能力和记忆能力会相互影响，哪怕在某些程度上牺牲速度也要提升这两个方面的能力。我们先来对你的阅读和理解能力进行测试。请阅读以下章节（节选自罗恩·奥尔森所著《美国历史：从重建到21世纪的黎明》），然后合上本书，略记下你读到的关键词，然后将笔记和原文进行对比，这样你就能了解自己对所读内容的理解程度，也能知道你脑海里最能记住的是什么。

第一次世界大战让许多美国人对于战争的幻想破灭，美国又回到了孤立主义。英国和法国对新的侵略者希特勒持默许态度。对欧洲格局改变的漠不关心和对侵略者的绥靖政策导致了又一次世界大战的爆发。20世纪30年代末，70%的美国人认为美国在第一次世界大战中扮演了错误角色。

美国废除了中立法案，这个法案不同意将武器贩卖或者运送给战争国家，取而代之的是现金交易，购方自运。美国需要收入，但不想为战争推波助澜。战争的轰鸣让许多集权领导人争相展示肌肉。这些领导人对于世界的安全造成威胁，美国无法无视再次发生全球性战争的可能性。死去的5000万人和战争造成的惨状，为第二次世界大战写下明确结论。欧洲和日本在人口和经济方面损失惨重，600万犹太人遭遇大屠杀，原子弹的出现和使用，苏联对于东欧的统治，德国的分裂，日军的集中营以及后来联合国的成立让第二次世界大战远不同于以往的战争。

孤立主义再行不通。在美国，第二次世界大战让种族歧视走到台前，妇女们获得了更多的机会，南部和西部得到了发展。通过摧毁金融方面的对手，美国统治了世界经济。第二次世界大战还扩大了联邦政府的势力范围，并让其在军事、经济和科技方面拥有了同盟，这些都有助于战后美国的发展。

得分：如果你能在 2 分钟之内顺利读完全文，并能准确地总结主要内容、记住关键词和数据，你将获得 A 等；如果你能在 4 分钟之内读完全文，虽然中间存在一些阅读和理解障碍，你将获得 B 等；如果你不能在 4 分钟之内读完全文，并且基本记不住，也写不出准确的内容，你只能获得 C 等。

记忆能力

测试一：请用 10 秒钟时间浏览以下数字，然后合上书本，写下你能记住的数字。

762049582049736

得分：如果能正确记住 12 个或更多数字，为 A；记住 8 到 11 个为 B；记住 7 个以下为 C。

测试二：下面的英文字母是 12 个我编写的带有解释的词组，词组本身没有意义。用 60 秒时间浏览并尝试记忆每个词组的写法和意义。

jhsafjh	茶杯	shfiuuo	饭碗
fshafdho	窗帘	sfiewjh	袖章

euicbd	哼哼	dksjfoi	保证
werwvf	项链	hyjfx	护士
gvesgr	点心	edrfgr	灌篮
grfsg	纸袋	tfrrg	饥饿

看好了？盖上文字，然后写下这12个词和它们的解释，不需要按顺序写。

得分：如果你能准确写出9个以上的词组并写对解释，为A；如果写出5到8个词组和解释，或者是写出9个以上词组但是解释混淆了，为B；如果不能记住4个以上的词组和解释，为C。

测试三：下面按照统治年代的先后列出了12位埃及法老：

那尔迈	阿涅德吉布
荷尔-阿哈	瑟莫赫特
哲尔	卡
杰特	斯内弗卡拉
美丽奈茨	荷鲁斯巴
登	霍特普塞海姆威

你能否在3分钟内编一个生动的故事，以此来按顺序记住这些法老的名字？

得分：不管故事如何离奇，只要你正确记住了9位以上的法老名字，并且顺序正确，为A；记住6到8个，为B；记住5个以下，为C（我承认霍特普塞海姆威很拗口，但同时也有哲尔、杰特、登和卡啊，是不是？）。

时间管理

通过以下两项能力来评估你是不是能高效地利用学习时间：1. 将整个任务分解成块的能力（比如：阅读、做笔记、写大纲、写作等）；2. 能高效地完成每项工作的能力。

得分：如果你觉得自己能正确并高效地利用时间，为 A；如果你觉得你有浪费时间的现象，为 B；如果你不知道时间都用在哪里了，为 C。

简洁高效做笔记

笔记分为四种——自学教材笔记、课堂笔记、借阅书笔记和在线笔记。记每种笔记需要不同的方法。

自学教材：在家读书，你需要找出中心思想，用自己的话进行复述并且找出不熟悉的细节。阅读的时候，请在笔记本上或者书的边缘写下简洁明了的笔记，或者用荧光笔和下划线标出有关信息。同时，为了掌握阅读材料，你还应该记下相关的问题和答案。那些你找不到答案的问题应该特别标注五角星，这样可以在课堂上提问。

课堂笔记：课前准备是保证课堂效率的关键。通过课前预习，课上你就能把精力集中在吸收老师的讲课内容和讲课重点上。使用标题或者短句在内容上进行标记，也可以使用你自己的速记符号，只要有助于记忆主旨。根据老师的讲课方式，你的笔记也应该有连贯性。课后要第一时间查看笔记，把空缺处补满，并添上自己的理解。

借阅书笔记和在线笔记

在借阅书上做笔记和阅读笔记、在线笔记的区别在哪儿？从图书馆借出的书即使允许外借，也必须归还，图书管理员对于在书上做标记的行为很反感。除非你能把网页内容都打下来，然后再标记，不然还是得用有效的方式来对借阅书、期刊论文和网页做笔记。

得分：你能在教材上用笔记归纳出有效内容吗？你能在课堂讲课或者讨论时抓住重点吗？你是否经常去图书馆，让人家恨不得用你的名字来命名阅览室？你是否能在数分钟之内就一个论文题目找到 12 个相关的网站？

如果你记笔记的能力能让你掌握教材、在课上表现优秀、从五花八门的信息源中找到你要的信息、准备大纲、写好论文，你能获得 A；如果你自觉在任何一方面表现不足，为 B；如果你的笔记都是照抄小伙伴的，那你只能得 C。

课堂参与程度

不管进行多少随堂测验，布置了多少学期论文，绝大部分老师在最后计算期末总分的时候，还是会把课堂参与程度考虑进来。即使在论文和随堂测验方面表现优秀的学生，如果基本不参与课堂讨论，也会被扣分。

得分：如果你课前准备充分（最起码需要读完讲课材料、做完作业并及时交上去），积极参与课堂讨论，经常提出一些和课堂有关的问题（这些问题必须是你已经有了相关知识储备，还想进一步了解的)，如此你可以得到 A；如果你在任何一方面表现不足，得 B；如果你连教室在哪里都不清楚，那只能得 C。

写论文和准备口头报告

换句话说，你能不能写一篇好的论文更取决于你其他方面的学习能力，这些能力我们已经在前文中探讨过。如果你是个书虫，经常去图书馆，对网上查资料也很精通，笔记做得也好，还能把最复杂的课题分解成可操作的步骤，你一定能交出优秀的论文。

得分：如果你在做笔记、时间管理和阅读方面都得了 A，这部分你也是 A；如果你觉得自己的论文写得不错，但是上述三方面明显有哪方面不足，得 B；如果你认为写论文就是把论文指导网站的内容打印下来，然后自己编个总结，那只能得 C。

考前复习

考前复习的关键是摸清考试范围和考试形式。

周测和单元 / 章节测试通常只包含最近的内容，期中和期末考试考察的范围更广，通常包括期间的所有相关内容。多选题、论述题、计算题和实验操作题需要不同的考前复习方式和不同的考试技巧。

知道考试形式会让你的考前复习更容易，你也可以列出老师最可能提问的问题列表。通过定期复习教材和课堂笔记，发现老师最感兴趣的方面，那同时也是他最可能考察你的地方。还有一个终极技巧，想象你是老师，列出 10 个以上你最想提的问题。

得分：如果你在测试中取得高分，而你自己出的测试题比老师出的更难，你将获得 A；如果你自认熟悉教材，但是却考得不尽如人意，你将获得 B；如果你连驾照都考不过，更别说代数题了，你只能得 C。

总得分

每个方面都打完分之后，每个 A 得 2 分，每个 B 得 1 分，每个 C 得 0 分。如果你的得分在 17 分及以上，为优秀（你将获得 A）；如果得分为 13 到 16 分，为良好（你将获得 B）；如果得分为 12 分及以下，为一般（你将获得 C）。将你的得分填入之前“起始得分表”的“总体学习能力”栏（第 006 页）。

这个更详细的评估和本章开头时你对自己的打分有多大差距？如果相去甚远，说明现在还不是把本书抛诸脑后的时候。

如果你的得分比自我打分更高，那说明你的学习能力比你自己认为得更好！

总而言之

了解了自己的优势和弱势，特别是需要提高的能力，你就能集中精力攻坚克难。

虽然我强烈建议你读完整本书，但这些测试能让你了解你最需要学习的章节，就算在读完本书之后很久，你也知道哪个是你需要努力提高的学习技能。

HOW TO STUDY

第二章

开展计划

知识若要好消化，食客必须先有好胃口。

——阿纳托尔·法朗士

如果你目前每门科目都不及格，我也不能保证《高效学习魔法书》会让你每门课都得 A，因为显然你在学习方面存在很大问题，或者很缺乏某种能力。但我能保证的是，不管你现在分数如何，努力程度如何，只要你对书中提到的各项学习能力勤加锻炼，你一定能获得进步。

可能你现在并不需要在学习上花更多的时间，你需要做的是学得更有效率、更高效地利用时间、学得更聪明，用更少的时间获得更好的效果。

养成良好的学习习惯

如果迄今为止，你在学习上花了大把时间，但收效甚微，很可能是因为你的学习习惯比较差。虽然我不清楚你是在何时何地养成这些不利于学习进步的习惯的，但长此以往，失败也会成为一种习惯。

告诉你一个好消息！我不仅能帮你摆脱坏习惯，还能帮你轻松养成好的学习习惯。作战计划如下：

● 用新习惯替代旧习惯比彻底打破旧习惯要容易得多。因此，别只是停止不良的学习习惯，请用好的学习习惯来替代。

● 在习惯的发动机里，练习是最好的润滑油。万事“无他，唯手熟尔”。

● 如果你下定决心努力提高学习能力，争取高分，请把你的决心告诉朋友和家人（对于那些视外界压力为动力的学生，这种手段颇为奏效）。

● 记录下自己的点滴进步，以确保你能从每项成就里获得动力。你可以把“今日成就表”贴在墙上，或者放在手机里，确保你能每天记录。

别急于求成

当你考虑整体学习策略时，切记良好的开端至关重要。一晚上要学习多久？每门课分配多长时间？学习多久休息一次？这些问题的答案很大程度上取决于以下因素：你阅读本书之前的水平、你的目标长短、你的学习兴趣、浓厚程度、你在其他活动方面投入的精力、你学习的时间段、你的健康状况和其他相关因素。

你采取什么样的学习顺序？先学最难的？最容易的？最长的？最短的？你是倾向于不停地切换科目学习，还是集中精力先学完一门课？

你采取什么样的学习策略？高中老师可能会要求你背完美国内战的所有战役名称、时间、指挥官，而大学老师可能会希望你对各个战役有更深刻的理解，比如每场战役和战争全局的关系，以及每场战役和外部世界的相互影响。老师的侧重点会影响你的学习策略。

学习任务的性质也会对学习计划产生很大影响。比如，当我坐下来开始计划本书的章节时，我需要很长一段不受打扰的时间，起码是一个小时，也有可能长达三小时，这样我就有充足的时间来整理我的笔记，思考一整章的内容，包括写下新的想法、标注有问题的地方、确认哪些地方需要例证或阐释。因此，如果我只有约会或者会议之前半个小时的空闲时间，我不会尝试做这个工作。

尽管本书用长篇大论讨论了各种学习技巧，但没有哪个技巧是一成不变的。你应当根据自身需要，把每种技巧或采用，或改善，或转变。你不仅可以这样做，而且必须这么做。

阅读考试说明

确保你不在考试一开始就搞砸的关键就是要阅读考试说明，这能帮你避免得超低分（和随之而来的沮丧和尴尬），比如你在一个小时的考试时间内硬答了六条论述题，而实际只需要答三道。

“阅读说明”的重要性并不只体现在考试中。不同的老师对作业提交、论文、项目准备或者提交实验结果等都有自己指定的规则和制度。根据老师的说明操作非常重要，如若不然，结局一定悲惨。

我上高一的时候有这样一位老师，因为一个同学的论文是手写的而给了她不及格,但那时我们都没有电脑,也基本不会打字。我之所以耿耿于怀，是因为那篇论文写得非常好，但这对那位老师来说却不值一提。

注意卷面

你是否认识这样的学生，对于一份500字的写作作业，他一个字一个字地数，一旦达标，立刻以最短篇幅结尾！

还有这样的学生，他始终坚信他那写得龙飞凤舞的作业值得一读，即使老师需要从诸多划掉的行句中找出没划掉的句子，还得跟着箭头翻页阅读！

也有这样的学生，同一页上的同一个词，前两三次写对了，第四五次却写错了！

老师也是人，他们也会根据卷面打分。很多老师会因为语法错误、拼写错误和卷面不整洁扣分，同样，也会因为认真的态度加分。

适应老师的偏好

不同的老师教书的方式不同，对学生的期望、标准、宽容程度等也不同。你值得花些时间来为你的每个老师建档：他们期待的笔记、课堂参与度、文章和设计是什么样的？他们个人的好恶如何？他们打分和考试的方式如何？

了解老师的特质可以帮助你调整应对不同课程的方式。虽然你可能一辈子都不会面临这种情况，但我们假设你给自己挖了个大坑：现在已经是晚上十一点了，你把主要课业都完成了，还剩明早的两项阅读任务，英语和历史。

英语老师期待最大限度的课堂参与，并且把课堂参与度算作总分的一大部分，甚至优于考试分数，她也喜欢把毫无准备的同学叫起来回答问题，而且她能非常神奇准确地找出这些同学。

历史老师不鼓励讨论，他更倾向于单纯的讲课和在课堂结束的时候回答一些问题，并且他从来不提问。

假设你现在正面临这种情况，睡觉之前只能完成一项阅读任务，你会选择哪一个？

寻找驱动力

驱动力可能是内在的，也可能是外在的。区别在哪儿？比如你去上声乐课，虽然这也是你必须完成的课业，但是你选它纯粹是出于喜欢唱歌。

你也去上生物课，但你很讨厌解剖青蛙。你根本不在乎它的外骨骼、内骨骼，还是压根没有骨骼，但是你必须去上这门课。

在前一个例子中，你受内在力驱动，你去上声乐课只是因为你享受这门课程。

第二个例子就是外在力的体现，虽然你对生物毫无兴趣，但因为受毕业这一外在因素影响，你还是不得不去上生物课。

如果那些无趣的课程是你达成学习目标的必经过程，外在动力可以帮你度过难熬的课程，对最终目标的鲜明想象也可以成为强大的驱动力。一个梦想成为电影化妆师的女孩，在学习无关（或者不需要）的课程时，可以通过想象未来的场景从而获得上课动力。

试着想象一下五年或者十年之后的生活，如果你想不出，难怪无法让自己获得动力了。

一个具体的偶像也是有效的驱动者。我的女儿林赛刚上一年级时，就特别倾慕“二战”前出生在美国南部穷苦人家的黑人女运动员威尔玛·鲁道夫。威尔玛四岁的时候感染了小儿麻痹症，不得不戴了五年坚硬的腿支架，还被断言永远不能正常走路。可她却靠着惊人的勇气和决心，成为世界上跑得最快的女人，赢得了四块奥运奖牌，其中三块是金牌。我女儿认为她非常了不起。

因此，每当遇到困难时，我 26 岁的女儿还是会这样鼓励自己：“威尔玛能行，我也能。”

建立一个目标金字塔

建立一个目标金字塔将有助你很容易地看到所有目标以及目标之间的相互关系。如何建立：

- 在一张纸的顶部中央，写下你在学业方面的最终目标。三年后，五年后，十年后，你想去哪里？你想做什么？这些是你的长期目标，应当位于金字塔的顶端。
- 在长期目标的下面，列出为了达到这些目标所要经历的步骤和阶段，即中期目标。
- 在中期目标的下面，尽可能多地列出短期目标，即在很短的时间内就可以完成的步骤。

根据你在学校取得的进步，随时更新目标金字塔。你也有可能最后选择了一条与一开始完全不同的道路，或者选了另外一条道路达到长期目标，因此改变了中期目标。短期目标无疑会经常变，甚至天天变。

通过建立目标金字塔，你能看到每天、每周的努力是如何最终达到中期和长期目标的，这就让你更有精力和热情去面对每天和每周的学习任务。

如何让设立目标成为你生活的一部分？下面我提供一些有帮助的线索：

- **设立目标要现实。**目标别设定得太高或太低，当你要在中途进行调整时，也别觉得太困扰。
- **对自己的期待要现实。**在自己没有天赋的科目上，应该把目标定为对该科目加深了解，而不是完全掌握。
- **别轻易放弃。**你可能会太过现实，因为一些目标比预想中的稍难就准备放弃。别因为目标过高无法接近而自怨自艾；也别因为目标设立过低而导致永远无法发挥潜能。你要找到正确的路。
- **集中精力在最有机会进步的领域。**意外的成功有助于增加自信，甚至驱使你在其他领域取得比预想中更大的成功。
- **管理成就，调整目标。**你需要每天、每周、每月、每年都询问自己完成多少目标，接下来应该怎么做。
- **把你的目标金字塔贴在墙上，或设为手机、电脑的壁纸。**每天看见它，感受它，让它成为生活的一部分。

使用奖励作为人为动力

使用奖励的方式取决于你在学习上需要多少动力。对于本身就有趣的学习任务，你并不需要多少外部动力，但是大多数的课业任务会因为一些小小的奖励而变得愉快许多。如果学习任务异常枯燥困难，你应该更频繁地对自己进行奖励。

奖励的大小应该和任务的困难程度相匹配。比如阅读了一个小时之后，给自己 15 分钟时间喝茶休息；完成了一篇又长又困难的论文初稿之后，用一场电影犒劳自己吧。

变得有条理的四个绝佳途径

当你开始将设立目标、计划学习任务作为每天的必修课时，你可以采用以下四个概念，它们会帮助你大获成功。

小的改变也能带来大的效果

一个微小的行为转变带来的效果可能微乎其微，但是上百个小的转变能造成惊天动地的效果！让这个概念自动贯穿你的思维过程和行动，这能帮助你了解成功和失败、创造力和挫败感、高兴和失望之间的细小差别。你做的转变可能看上去都不重要，但结合起来却能带来巨大的成功。

帕累托原理

维克多·帕累托出生于 19 世纪和 20 世纪之交，是意大利的经济学家和社会学家，他在意大利研究的是土地所有权。帕累托发现，不超过 20% 的人拥有超过 80% 的土地。当他研究其他人类所有物时（包括钱），发现以下原理仍然适用：20% 或者更少的人拥有 80% 或者更多的测量物。

“80-20”原理令人最感兴趣的应用是在学习上的推论：如果 20% 的活动产生了 80% 的效果，那么剩下 80% 的活动只能产生 20% 的效果。

要将帕累托原理应用于管理学习中的优先次序，你需要不断地问自己："哪些活动属于 20%？"也就是说，哪些努力其实对你想要的结果并没有贡献?

利用碎片时间

堵车、排队或者长时间等候期的碎片时间，你该做什么？马上找出这些机会，并按之前的计划立即采取行动。

我强烈建议你不管去哪儿，随身携带一本必读（或想读）的书。你会经常在本会浪费掉的碎片时间读完整个章节。如果你经常开车，那就携带有声读物吧。

藏起手机

近十年间，智能手机接管了很多人的生活。无论在公共汽车上、餐馆里、影院里，还是那些本该安静的绿洲，智能手机的无处不在，对许多人而言已经是种烦人的打扰。

社交媒体和应用程序的发展，也使得手机日益成为令学生们分心的“危险分子”。我无法转移我女儿的注意力，她时刻关注朋友的动态——此刻在想什么、做什么、准备做什么。显然，我还不够格成为社交媒体的粉丝。

根据《纽约时报》的调查，现在的学生每天平均有三个小时盯着手机屏幕（打电话的时间排除在外），这很危险。我们难道没有更好的方式来度过这每天八分之一的时间吗？如果你的手机无时无刻不因短信、邮件或应用软件而发出震动提醒，要集中注意力到学习上也是不可能的。

在学习的时候，请务必关掉、放下、藏起手机！

你有多完美

优秀的学生在意他们的课业，并且为了达成目标而不断努力。

但完美主义者在意的更多。

在某次考试中得“完美的”一百分，或者某篇论文得到 A+ 并且被老师在边上写上“完美”的评语都是有可能的。但实际上,把任何事都做到“完美”是不可能的。

虽然追求完美是一种高贵的品质，但是却会很容易，或者说不可避免地成为一种不可控制，也不能停止的强烈驱动，从而给你的事业和生活带来消极影响。

如果你发现自己正深陷其中，请时常用边际效益递减规律来提醒自己：

开始的努力会带来最大的效果，后续的努力带来的效果会递减。当到达一个转折点的时候，巨大的努力只能带来微乎其微的效果。这种提醒不仅适用于完美主义者，也适用于嘲笑过于简单的大纲和公式化的报告的人。没有必要总是充满创造力、闪耀全场，也没有必要弄出一个全新的、多媒体的交互式读书报告。一份还不错，得分为 A– 的读书报告是完全可以接受的，而完成一份充满创新的 A+ 报告，其麻烦程度和所用时间都将超过它的价值！

如果你宁愿不看电影、不读闲书，也不完成其他学习任务，而是选择花两个小时来打磨一篇已经 A+ 的论文，或是第三次抄写本来就写得很好的课堂笔记，那只能随你了。但我要问，额外的努力真的值得吗？

创造学习环境

接下来，我们来分析你的学习环境。学习环境不仅包括在何处学习，也包括何时学习、如何学习。

我最理想的学习环境

哪种情况下我能最为准确地接收信息：

1. （ ）语言（ ）视觉

在教室里，我应该：

2. （ ）集中精力记笔记（ ）集中精力听讲
3. （ ）坐在前面（ ）坐在后面（ ）坐在靠近窗子和门的位置

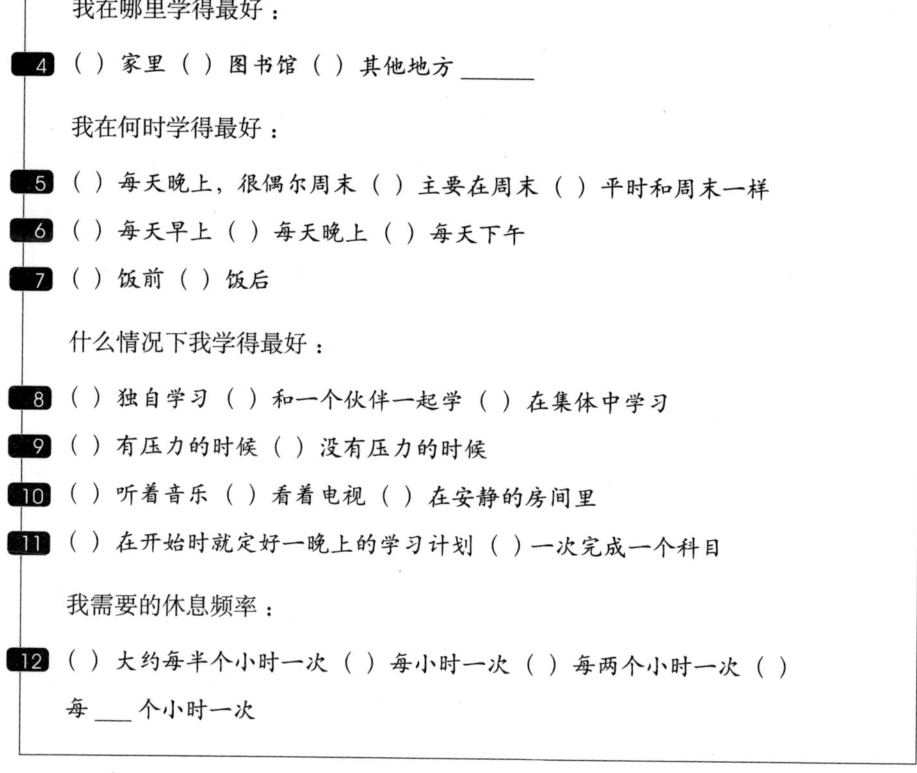

我在哪里学得最好：

4 （ ）家里 （ ）图书馆 （ ）其他地方 ______

我在何时学得最好：

5 （ ）每天晚上，很偶尔周末 （ ）主要在周末 （ ）平时和周末一样

6 （ ）每天早上 （ ）每天晚上 （ ）每天下午

7 （ ）饭前 （ ）饭后

什么情况下我学得最好：

8 （ ）独自学习 （ ）和一个伙伴一起学 （ ）在集体中学习

9 （ ）有压力的时候 （ ）没有压力的时候

10 （ ）听着音乐 （ ）看着电视 （ ）在安静的房间里

11 （ ）在开始时就定好一晚上的学习计划 （ ）一次完成一个科目

我需要的休息频率：

12 （ ）大约每半个小时一次 （ ）每小时一次 （ ）每两个小时一次 （ ）每 ___ 个小时一次

可能你现在还无法理解表中的很多条目。为什么特别的学习环境很重要呢？因为你有你的偏好。以下是对每道题的评价：

1. 如果你偏向“听”而不是“看”，那你在课上听讲和讨论方面基本不存在问题。实际上，你喜欢听讲胜过自己看书（但是，你可能需要集中精力提高阅读能力，或者花更多时间读教材、对教材进行标记注释。在教材空白处记笔记可能会有帮助）。

如果你选择“视觉”，你可能会觉得阅读教材很容易，而在课堂上集中精力需要格外努力。对你而言，重要的是课上记好笔记，之后再阅读。你也可以根据你的特质来调整记笔记的方法。你可以采取和其他人不同的方式，比如通过画画、图表，或者为课程画一张地图。

2. 这道题和你第一题的答案有关。你越依靠“听觉”，越应该努力提高“视觉”；反之，你越依靠“视觉”，越应该集中精力听讲。

3. 因为个人原因，这道题的选项会有很大差别。如果坐在教室后面，你可能听不见老师讲课，也看不清黑板。你可能比较害羞，想用坐在前排的方式激励自己参与课堂讨论、回答老师提出的问题；如果你患有幽闭恐惧症，坐在窗边能缓和病情；如果坐在窗边可能让你有太多机会做白日梦，应该尽量坐在教室中间。

4. 你觉得最有助于学习的地方（把居住状况和学习计划的限制考虑在内），就是你应该花最多时间学习的地方。

5. 如何最高效地利用时间，有一部分取决于你的家庭作业量和你所处的时间点。你的计划可能在大部分的学习时间内适用，但是在考试期间、论文要提交前或者做一些特别项目的时候，可能就需要调整。

6. 对于一般中学生来说，学习偏好可能只影响周末，因为工作日的白天时间已经被计划好了。

但是如果你是大学生（或者你所在的高中在模仿大学，让你们自由选课和安排时间），你可能要根据这道题的答案来制定课程计划。

举例来说，如果你在早上学得最好，应尽量把课排到下午（实在不行，也可以排到午饭之前）。

如果你在晚上学得最好，可以把课排到上午，下午安排别的活动。或者，你也可以把课排到下午,让自己可以睡个懒觉（前提是前一夜熬夜学习了）。

7. 有些人只要饿了，做什么都很暴躁。如果你在饿的时候学不进去，先吃点东西吧!

8. 绝大多数人在成长过程中都是一个人学习的，如果和一个伙伴一起学，可能就会聊天、玩手机、看电视……总之不学习了。但是，也别低估和一两个伙伴一起，甚至在更大规模的学习小组里学习对作业和分数的积极作用。

9. 不能因为你在有压力的时候表现得很好，就总把项目、论文和考前复习留到最后一刻。

10. 有些人觉得如果没有音乐或者一些噪声做背景,会很难集中精力，另一些人只要坐在电视机前或者拿着手机，就什么也学不进去。

许多人介于两者之间。你可能喜欢伴着音乐读书或者记笔记，但是在复习考试或者学习很难的概念的时候，就需要绝对安静。如果你不知道自己属于哪一种，现在就可以测试一下。

11. 设置学习计划当然是值得肯定的，但这并不意味着不彻底完成一个科目就不学习第二个。其他人能在被一科卡住之后开始另一科，然后再重复这个过程。

12. 通过休息来保持学习状态和质量当然没问题，只要不是每学五分钟就休息一次，或者是休息的时间和学习的时间一样长就行。总的来说，试着通过练习提高专注力，这样你等于在起床之前，就学了一小时了。如果有很多科目要学，那可能需要至少一小时来进入学习状态或者进行计划，如果你休息得过于频繁，可能再回到学习上所需的时间也会过长。

小组学习：伙伴的作用

想要组建自己的学习小组，你需要先找到志同道合的同学，互相分享笔记、互相提问、一起准备考试。若想要小组学习卓有成效，你选中的小伙伴必须能与你分享课堂的全部，或者至少大部分内容。

你应该找比你聪明的同学，但不能找比你聪明太多的。如果你的同学比你领先太多，不久之后你就会感觉泄气；反过来说，如果你找的同学比你落后太多，虽然你会很享受成为团体里最聪明的人的骄傲感，但也失去了建立学习小组的初衷。

小组学习可以有很多种方式。比如，每名成员承担一门课程的初级任务，包括详细的课堂笔记和讨论笔记。如果老师推荐了选读内容，负责该门课程的成员应该负责读完内容并写出总结。

又或者，每名成员自己记笔记，然后通过小组讨论来提炼重点内容、解决疑难问题、相互提问、一起进行考前复习等。

即使你只能找到一到两个同学和你组成学习小组，这种合作也是无价的，特别是在准备大型考试的时候。

如何组成学习小组

- 如果可能的话，我建议你邀请 4 至 6 名同学，因为要保证每个人都可以最大限度地参与讨论，从而最大限度地利用集体智慧。
- 虽然小组成员没有必要非得是彼此最好的朋友，但也不应该是敌人。
- 请至少选择和你一样聪明、坚定和认真的同学，这样可以鼓励你一同进步，同时也给你一点压力。

- 不要邀请那些特殊的成员，比如会让他人不自在的情侣。

- 我个人偏向于每个人分配一门课，而那个人必须能做到以下几点：彻底掌握那门课程，完成所有额外推荐的阅读任务，完成优秀的笔记，写出课程大纲，答得出问题，根据需要来准备小考、期中考、期末考等各类考试的考察内容。同时，其他学生还是要正常上课、记笔记，完成阅读任务和家庭作业，只是被分配到那门课的学生应该成为学习小组里该门课的“代课老师”。

- 为组内会议和作业制定严格而正式的规则，并且坚定地执行，及早劝退不认真的组员。毕竟，你也不想自己完成繁重的学习任务之后，让几乎没有付出劳动的人沾光吧。

- 任命一个组长，而不是完全扁平化管理。尽早解决纷争，而不是放任争执升级，导致小组解散。

- 一定要尽早将任务和需求分配清楚。你一定不要让一两个成员完全利用了其他人的劳动成果。

在哪里学习？

- 图书馆。在图书馆里你可以有很多种选择。从大的阅览室，到更安静和偏僻的专业阅览室，再到你专用的学习小隔间。拿我来说，我在大学里最喜欢的“家外的家”，是一个可能不超过四五个人知道的小房间。那个房间里有舒服的椅子、柔和的灯光、有耳塞的留声机和500张左右的经典唱片。这简直就是为喜爱伴着音乐学习的人量身定制的！

● 家里。家里自然是最方便的地方，也是你的学习总部。但它可能不是最有效率的地方，因为很不幸，在这里最容易分心。

● 空教室。在一些大学或者私立高中里当然可以这样选择，因为很少有学生会想到！虽然这在公立高中看上去不可行，但是在没有其他选择的情况下不妨一试。

● 工作地。不管你是在做兼职工作的学生，还是工作之余去上学的上班族，都可以在上班时间或者其他人都离开之后利用空办公室学习（取决于老板对你的信任程度）。如果你是一个中学生，而你的父母、朋友或者亲戚在附近工作，你也可以在他的办公室学习。

如果你在学习区域只完成作业，而不进行睡觉、娱乐或者饮食等其他活动，你的学习将更有效率。

什么时间学习？

我推荐你定下每天固定学习的时间。一些专家主张每天在同一时间做同一件事，认为这样能最有效率地完成任务。

你每天最有效率的学习时间取决于以下因素：

● 在状态最好时学习。什么时候是你一天状态的巅峰？什么时候你学得最好？这因人而异。你可能会睡到中午，然后学到深夜，或者闻鸡起舞但无法在夜里点灯熬油。只要记住：专注＝高效。

- 考虑你的睡眠习惯。习惯是非常强大的因素。如果你一直把闹钟定在早上七点，不久之后你就能在闹钟响起之前醒来。如果你习惯于晚上十一点入睡，让你学到凌晨两点会是种折磨，并且这三个小时内你的效率可能会非常低。
- 在能学习的时候学。当你神清气爽的时候应该学习，保持最好的状态是重要的目标。
- 在分配时间的时候，把任务的复杂性考虑进去。任务本身也会对计划有重要影响。如果你的阅读速度相对较慢，就不要计划在半小时内阅读一百页的托尔斯泰著作。
- 用“不宝贵”的时间来完成最容易的任务。当你最没精神和活力的时候，不要考虑着手最难的工作。不要像我认识的一些金融人士一样制定反向的计划表——在早上最有精力的时候阅读报纸、检查邮件、浏览财经新闻，在一天结束、最有睡意的时候开始准备董事会的展示稿，而董事会就在明天。
- 课后马上开始制定学习计划。最好在每一节课课后分配一个小时来复习笔记，重点看PPT和完成当天的任务。

专注于你的学习

如果你发现自己发呆和涂鸦的时间多于阅读和背书，试试下面的解决办法：

● 创造一个让自己舒服的学习环境。桌椅和灯光的尺寸、款式和放置都会影响你学习的专注度。花些时间为自己设计最完美的学习区域。更不必提，一切你明知会让你分心的物品——女朋友的照片、广播、电视、手机等——都应该从你的学习区域内消失。请记住：直接把让你分心的东西挪开，比如手机，会比有意识地回避或者不应答来得容易。

● 调亮灯光。测试一下学习区域里灯光的位置和强度，从而找到最合适的方式：既能让自己舒服，又要让你保持清醒和专注。

● 制定一些规定。让家人、亲戚，特别是朋友知道你的学习有多么重要，你的学习时光不可被打扰。

● 进行必要的休息。不要听那些关于应该学习多久才能休息的"好心"建议，在你需要的时候休息。

● 选择一个学习信号。选择一个能和学习联系起来的物件，比如帽子、围巾，甚至是桌上的娃娃摆设。当要开始学习时，带上帽子、围上围巾或者把娃娃摆上书桌，告诉自己：该学习了！这不仅能帮你进入学习状态，也能提醒室友、朋友或者家人你要学习了。

和疲倦、无聊做斗争

"人类是唯一会觉得无聊的动物。"

——埃里希·弗洛姆

你已经有了无可挑剔的学习地点，为什么还是昏昏欲睡呢？如果你的精力、决心和假期一起消失不见了，以下是解决办法：

- 打个小盹儿。当你实在困得没法学习的时候，不妨打个小盹来恢复精神。20分钟是最理想的，不要超过40分钟。如果超过40分钟，你就进入了另一阶段的睡眠，醒来之后会比没睡之前更困。
- 喝杯饮料。你可以来杯咖啡、茶或者苏打水。但要注意，咖啡因的唤醒功效到达一个临界点时就会消散，之后你会比没喝前更困！
- 调低温度。不是说让你制造一个冰屋，只是房间太暖的话会让你的思绪飘散到美梦上去，而这个时候你的论文还没写。
- 锻炼。散个步、绕着厨房高抬腿或者做一些开合跳，就算最温和的运动也会让你立即清醒。
- 改变学习计划。在有选择的情况下，找更清醒或者更有效率的方式来学习。

和小孩一起学习

因为你们中的许多人需要在上学的同时养家，我会提供一些方法让你们应对学龄前孩子的需求。

- 计划一些活动来占据孩子的时间。当你越忙于学业或工作，回到家时孩子越想和你待在一起。如果你为他们做了一些计划，可能更容易让他们自己玩耍。
- 让孩子成为你学习日程的一部分。为什么不把他们纳入你的日常计划呢？如果下午四点到六点一直是“妈妈学习时间”，不久之后孩子就会习惯，特别是你在其他时间里首选陪他们玩，或者在学习时间里给他们找一些乐子的时候。解释一下你学习的重要性，可以帮助他们成为你“学习小组”的一部分。

● 用电视当保姆。两害相权取其轻。你也可以租借或者下载足够多的影片，来避免你的孩子看到电视里的色情或暴力内容。

● 调整学习计划。所有这些建议都不能阻止你的孩子时常来打扰你。虽然你能最大限度地减少这些打扰，但却没办法完全消除，也不用做此尝试。你可以随之调整计划，比如频繁地休息，然后花五分钟陪伴孩子。他们越能定期得到你的注意，你越能得到你要的学习时间。

● 寻求帮助。你的爱人能够不时地带孩子去用餐或者看电影（相信我，如果这么做的话，你的孩子会鼓励你学得更多），亲戚们可以轮流（在各自家中）照顾孩子，还可以邀请玩伴（他们可以让你第二天把孩子送到他们家）。你也可以和其他家长轮着来照顾孩子们，也可以找学校里或者社会上的专业日托班来每天照顾几个小时。

你的专长是什么？

大部分人只是某一门课表现稍好，有些人则是喜欢某一门课甚于另外一门。别认为这不会改变你学习该门课程的态度。有些人在某个领域很有天分，在其他领域则是平均水平。

举例来说，也许你擅长数学和空间关系，但是你完全没有音乐和语言天分；或者，你能很轻松地掌握一门语言，但是完全学不会毕达哥拉斯定理，也不想学。

我建议你将用于简单学习任务的时间转换到较困难的任务上去，均衡发展对你的未来有意义，也值得你付出这样的努力。

如果你从来都没想过喜欢或者不喜欢哪些课程，用下页的图表测试一下。你也需要测试一下表现优秀的科目和表现不佳的科目。

在学习的征途中，失败的学生往往不是输在缺少天赋或者动力不够，而是因为屈服于压力和信息的过载。

你不必往死里折腾自己，也能取得成功！

课程 / 学科偏好评估

列出你最喜欢的课程或学科：

____

____

____

____

列出你最不喜欢的课程或学科：

____

____

____

____

列出你成绩最好的课程或学科：

____

____

____

____

列出你成绩最差的课程或学科：

____

____

____

____

HOW TO STUDY

第三章

带着目的阅读

有些书可供一尝，有些书可以吞下，
有不多的几部书则应当咀嚼消化。
——弗朗西斯·培根

我喜欢读书。但现实情况是，我对阅读的热爱并没有让我高中和大学的教材阅读任务变得更容易。作为一个学生，你不可避免地要花上许多时间来精读那些课程要求的既沉闷又复杂的阅读任务，但那些内容实在不甚有趣。

你可能很喜欢读小说、短故事或者诗歌，但是却疲于应对某些科目要求的教材阅读任务。你可能会在阅读完一部长篇作品后立即忘记，或者你根本就讨厌坐下来读书。不管你是哪一种，也不管你现在的阅读能力如何，本章会帮你克服这些阅读难题。

你会了解到你必须阅读和没有必要阅读的内容，会学到减少阅读时间的方法，以及如何提炼出中心思想和重要细节。当然，你也会学到如何记忆更多内容。

只要你把本章的阅读建议应用到你的阅读任务中去，你可以阅读任何形式的书——纸质书、电子书，甚至有声读物。

确定你的阅读目的

你的阅读目的是什么？下面列出了六大基本阅读目的：

1. 获得特定的信息
2. 找到重要的细节
3. 回答具体的问题
4. 评价你的阅读内容
5. 应用你的阅读内容
6. 娱乐自己

利用教材里的线索

几乎所有的教材和技术性材料（实际上是几乎所有除了小说以外的书）的特殊位置都涵盖了许多信息，能帮你从阅读中获得信息。熟悉这些能帮助你丰富阅读经验，减少阅读难度。如何找寻：

- 书名页之后的第一页通常是目录——用章节名来列出本书的内容。有一些书列举得十分详细，几乎包括每个章节的主要内容和主题。
- 主体的第一部分（位于书名页、目录页，有时也包括致谢页之后）为前言，通常被用来描述书中的内容，有时也会被作者用来指出本书的特别之处。
- 序言可能会被用来替代或者补充前言的内容，也可是作者请一些人来为自己的书做推荐。绝大多数序言是对本书大体内容的更详细的介绍，可能会一章一章地总结，向读者介绍每章涵盖的内容。

● 脚注可能会贯穿整本书（引用的句子后面出现的频率略高），通常位于页面底部，也可能出现在每一章节的结尾。脚注的用处通常是指明引用或者概念的来源，解释一个知识点或者补充书本以外的信息。

● 如果一本教材倾向于使用非常多的生僻术语，一个善解人意的作者应该会附上起码是缩写版的术语词典。

● 参考文献通常位于一本书的结尾部分，它通常包括作者借以完成本书的参考资料，或者一张“推荐书目”表，也可能二者兼有。这部分通常根据主题来按字母排序，方便你找到特定的主题信息。

● 附录也会出现在一本书的结尾。它会包括一些补充数据，或者是与本书主题有关的案例。

● 一本书的结尾通常是索引，按字母排序，列出书中提到的名字、主题和话题的页码。

养成利用上述阅读工具的习惯，你能学得更容易。

如果有必要，寻找其他教材

如果你觉得某一章、某一部分或者整本教材都读不懂，去找同主题的你能读得懂的其他教材。你也可以请老师推荐，这可能会让你更容易地找到替代教材。只是记住，不要一开始就质问老师为什么给你们选择这么折磨人的教材。

如果你读不懂教材，可能是因为作者不知道应该如何解释，这并不是你的错！很多学生经历了这样的过程：苦学、哀叹、翘课，甚至最后换专业，因为他们觉得自己太笨。但有时候愚蠢的可能不是学生，而是教材。

我理解寻找其他教材可能额外增加了你的工作量，但是苦读沉闷的文章也许会浪费你更多的时间。

如果另一本教材让你学会了该门课程，也许之前的教材也比较容易读懂了，如果你还需要它的话。

利用每一章的线索

首先快速浏览整章内容，寻找你想回答的问题。在你开始阅读之前，考虑阅读素材的下列元素：

● 章节名以及加粗的标题和副标题，这些会告诉你本章的细节。在一些教材里面，段落的标题和加粗的“导言”显示作者要提供一些更细致的细节。所以在一开始阅读的时候，先从头到尾浏览一遍章节里所有的粗体标题和副标题。

● 查看篇章结尾处的总结。了解作者认为的重要内容能帮你在阅读时找到得出结论的论据。

● 绝大多数教材，特别是科学类的教材，会有各类图表、地图以及很多插图，你需要知道这些图如何为教材提供补充论证，以及它们究竟强调的是什么，并记下相关笔记。

- 一些教材会把关键的信息用术语表达出来，那么找到这些术语的定义可能就是接下来的阅读任务。

- 一些教材会把关键知识点用提问的方式进行强调。这些问题可能出现在主体部分，也可能在章节结尾处。如果你在阅读之前就读到了这些问题，你会更了解哪些内容需要格外注意。

三种阅读方式

根据你在每个阅读任务中希望完成的目标和不同的书目，有三种不同的阅读方式。了解什么时候应该采用哪种阅读方式能够让你的阅读变得更容易。

1. 快速参考阅读，是根据具体的问题或者读者的想法来寻找具体的信息。

2. 批判性阅读，是通过周密的分析来领悟某个想法或者概念。

3. 审美或娱乐性阅读，是纯粹用来娱乐或者是欣赏作者的风格和能力。

课前阅读的重要性

开展阅读任务的最佳方式是先略读全文，初步了解阅读内容包含哪些信息，找到一些我们之前讨论过的“线索”。然后再逐字逐句地精读，标注下划线、在笔记本和电脑上做笔记，也可以直接在书上做笔记。

扯句题外话：基本上我认识的所有人都分不清楚“略读”和“浏览”的区别。我在此澄清一下：

略读是进行快速和浅显的阅读。

浏览是仔细地阅读，但是是为了某个目的。

当你略读某个文本的时候，虽然可能只读高亮内容，但是你会读完整个文本。

当你浏览某个文本的时候，你读得很详细，直到找到想要的内容。浏览是所有阅读方式里面速度最快的。虽然你读得很详细，但是并不奢求理解和记忆，只是在寻找某个特定的信息。

你可能有很繁重的阅读任务，需要对文本进行略读。在开始阅读之前，先想想你要回答的问题，这样你可以很快地读完材料，只提取你想要的信息。

假设你现在要阅读一本科学著作，想在其中找到细胞核的作用，你可以轻轻松松地读完描述细胞组成的篇章，然后略读描述细胞作用的篇章。因为你已经知道自己在寻找什么，当你看到讲述细胞作用的篇章时，就可以开始真正阅读了。

在不是寻找特定信息的时候，略读（或者称为课前阅读）是很有价值的步骤。当为了有大体概念而进行略读的时候，有一些简单的步骤要遵守：

- 如果文章有题目或者标题，把它改述成问题，它将会是你的阅读目的。

● 检查所有的副标题、插画和图表，这能帮助你明确文章的重要内容是什么。

● 通读引言、总结和所有位于章节最后的问题。

● 阅读每段话的第一句，因为第一句通常是主旨。

● 评估一下你在这个过程中的收获：能不能回答章节结尾的问题？能不能在关于本章的课堂讨论上表现优秀？

● 为你在略读中学到的内容写一个简短的总结。

● 根据你自己的评估，决定要不要继续进行更详细彻底的阅读。

一般来说，如果你逐字逐句地阅读课本，可能会浪费很多时间。好的读者能够辨别出应该精读的内容和可以略读的内容。

如果你只是简单地收集事实和细节，略读是一个简易而重要的捷径，它能帮你节省很多时间。就算需要进行深度阅读，通过这个过程，你也可以建立起框架，从而让你读得更快、更容易，也更有意义。

不管你是略读还是浏览，都可以更好地消化作者的意图。

连接词也是线索

标题、副标题、首句和其他线索能帮你快速阅读并且了解章节主旨，而一些连接词能帮你跳过无关紧要的内容，直接锁定重要内容。通过连接词，你可以知道在哪里加快或放慢阅读速度，以及在哪里停下，在哪里要格外关注。这会帮助你阅读得高效。

如果你看到诸如“同样地”“另外”“此外”“而且”类的词，你就知道下面没有什么新的内容。如果你已经读懂了，可以加快阅读速度，甚至是跳过这段内容。

但如果你看到“另一方面”“不过”“然而”“宁可”这类词，要放慢阅读速度，因为下面是通过新视角或者是反面视角对前文的补充。

最后，如果你看到决定性的词，必须十分注意，特别是在时间紧迫、只能看关键内容和考前复习的时候。这类词有“总之”“所以”“因此”“结果是”“总结来说”等等。因为作者会在这里把前文进行很好的总结。这是意外之财，可以让你省去读完整篇文章的时间。

回头看细节

如果你需要进行深入完整的阅读，那就回到文章开头，一次读一部分内容（一章或一单元）。阅读的过程中，你可以用下面五个问题自我提问，以确保你对阅读内容的把握。

1. 谁？如果文章描写一个特定的人或者一群人，主题句一般会点明那个人是谁。

2. 什么时候？如果文章主要关注的是时间，主题句可能会以“某一刻”开头。

3. 哪里？如果文章着眼于一个特别的地方或者位置，主题句会点明是哪一个地方。

4. 为什么？如果文章是为一些观点阐述原因或者解决问题，主题句会解释为什么某事是真的，又或者为什么某件事会发生。

5. 怎么样？如果文章指出事情运行的方式，主题句会说明描述的事件会怎么样。

在你完成下面的练习之前，不要急于阅读后面的章节，而应该：

● 写下你认为对理解主题很必要的关键条目的解释。

● 对于你觉得可以阐明主题的问题，写下问题和答案。

● 记下你不知道答案的问题，通过再次阅读、进一步研究以及求助同学或者老师来获得问题的答案。

● 如果你还有不能回答的问题，开始阅读下一部分，然后完成上面三个步骤（循环这样的过程直到读完整篇材料）。

阅读科技类材料

你已经学习了很多提升阅读能力的方法，现在可以通过阅读高技术含量的教材，诸如物理、三角函数、化学、微积分等来检验一下效果。对这些科目起码有四分之三的学生都唯恐避之不及，它们不同于其他类型的阅读，而是需要更富逻辑性、更有条理和循序渐进的阅读方法。你得发现并理解这些教材的组织架构。

通过培养对这些材料内容基本顺序的识别能力，你能跟上材料的思维发展，这对你的理解和记忆至关重要。

为什么要这样呢？因为在绝大多数的科学类文章中，每一个概念就像一块砖头，如果你不能理解某一部分概念，那接下来的部分你也不能理解。

绝大多数科技类材料充满了概念、术语、公式和理论。大量的信息被压缩到一个章节中，很多的概念被压缩到几页纸之内，你当然需要读得非常仔细。

为了在这类阅读任务里获得尽可能多的信息，以下是需要注意的五个基本点：

1. 定义和术语
2. 例子
3. 分类和列表
4. 对比
5. 因果联系

在阅读任何专业材料之前，要先了解该学科的专业术语。在这类材料里，日常用语可能会有多种涵义，具体的意思要取决于使用的语境，有些意思甚至完全相反。一些常用的词汇在科技类文章中可能有十分明确的含义。

举个例子，“弹性”一词的定义：一个固体被施加使其变形的外力后恢复原来形状的能力。这种准确的术语让科学家可以按学科要求的精确性互相交流。

不同定义的长短可能相去甚远。某一术语可能用一句话来定义，另一术语会用整个段落来定义，更有甚者，需要用一整个章节才能准确定义。

寻找表明要进行具体的数学运算的关键词。当看到“按……增长”“加上”“一起”“总结”“总体的”这类词的时候，需要运行加法；当看到“按……减少”“减去”“少”“差异”这类词的时候，需要运行减法；当看到“乘积”“增强”“翻倍”“相乘”这类词的时候，需要运行乘法；当你看到“每”“比率”“商”“百分比”这类词的时候，需要运行除法。

例子是另外一种交流工具。科技类文章里经常充满了新奇的想法，许多都不容易消化，一部分原因是其抽象性。因此，作者会通过例子在抽象的原理和具体的说明之间架起桥梁，这些例子对你理解复杂艰深的理论是必不可少的。

和其他类型的文章不同，科技类文章十分强调简洁，它会把大量的知识压缩到很少的篇幅之内。很少有科技教材或者论文会包含作者经历的各种轶事。

科技类材料经常用的第三种工具是分类和列表。这里的分类是同一个主题在一个通用的标题下被分类的过程，作者用分类的方法来把大量的细节内容分门别类。

第四个用来交流艰深信息的工具是比较和对比。通过提供相似或相反的事物来把复杂的材料说清楚，通过对比，把一些新概念和大众已经清楚的概念或读者容易理解的概念联系起来，并集中说明两种概念的区别。

最后一个工具是因果联系，这也是绝大多数科学研究所追寻的根本目标。科学开始于对结果的观察。发生了什么？下雪了。下一步就是对原因进行研究：为什么下雪？对这种细节的详细阐述经常是科技类文章的本质。

因果联系的写作方法有多种，可能会先阐述结果，然后再介绍原因。一个结果可能会有多种原因，这些原因组成了一条因果链，而一个原因也可能造成无数结果。

有计划地阅读

和其他类型的文章不同，读高度专业化的技术类文章必须要有阅读计划，仅抱着读完文章的目标是完不成阅读任务的。漫无目的的阅读会让你在阅读过程中倍感疑惑和沮丧，并淹没在理论、概念、术语和例证的海洋里。

你的计划应该包含：

- 学习必需的术语。如果了解作者所使用术语的准确定义，你就能跟上作者的思维。
- 了解材料的组织结构。大部分章节都有其模式，也就是文章的骨架。一本书可能在开头提出理论，然后给出例证、提供示例问题，最后进行总结。一般来说，通过提前查看目录、标题和副标题，你就能发现文章模式。
- 对章节进行略读以了解作者的观点。通过提出问题来确定你的阅读目的，用总结回顾性的问题来指导你的阅读。
- 对材料进行彻底的分析性阅读。因为有一些概念是建立在理解另一概念的基础上的，所以在你还没有彻底理解某一章节之前，不要阅读下一章节。

● 在整体阅读结束之后，立即进行回顾。总结出你需要记忆的概念和理论，回答略读时提出的问题。如果可以的话，练习运用公式。

科技类文章充斥了各种概念，阅读时需要全神贯注，不能一掠而过。

成功的读者知道这些文章需要慢慢读，从而最大程度地记忆其内容：消化每一个定义，理解每一条公式，思考每一个例子。

如果你阅读这些材料存在困难，或者正在尝试解决科技类问题，试试下面的“花招”：

● 可能的话，把公式和数字“翻译”成词句。为了测试你的理解程度，请尽量翻译成不同的词句。

● 图片也许能提供一些帮助，特别是对于视觉型学生。尝试着把一些复杂、困难的数学问题转化成图画或者图表。

● 在解决一个具体问题之前，先估一下答案范围。这种做法很容易，而且能让你的答案基本正确。

● 换种思路。条条大路通罗马，一道题可能有多种解题方法，也可能有两个正确答案。如果你找到一个答案，再试试其他的。

● 在检查计算过程的时候，试试逆向检查，通常容易发现一些简单的数学错误。

● 弄清问题是什么，包含什么定理，哪些信息比较重要，哪些不重要。

● 教其他人。通过向别人解释数学或者其他科学概念，你会很容易知道自己是不是真的懂了。

对于需要记忆的大量术语，比如人身上的所有骨头、一系列化学公式和很多基础的科学定义等等，可以试着制作抽认学习卡。虽然是老掉牙的方法，但是对于记忆模糊的词汇和外来词很有效。我将在下一章里面讨论其他记忆技巧。

娱乐性阅读

一本好书应该给你留下许多经历，读完之后你会有一点疲惫，因为你阅读的时候也经历了好几次人生。

——威廉·斯泰伦

绝大多数小说都是讲故事。它们会有一个开头来介绍人物和地点，会有一些矛盾和冲突来把故事推向高潮，当矛盾得到解决，故事则会结局。以下我列举一些与小说有关的重要定义：

- 情节：故事发生的先后顺序。故事是如何从开头发展到高潮的？你对文学作品的理解和欣赏能力，取决于你能不能很好地跟上故事情节。
- 人物描写：和故事有关的人物——主角、反派人物和配角。你需要了解故事的主要角色、他们彼此的关系以及他们和故事矛盾的关系。
- 主题：故事的主题——决定性信息，作者用情节和人物来传达的精神或想法。
- 场景：故事发生的时间和地点。这对历史小说和异域文化小说尤其重要。

● 角度：谁在讲故事？是某个主要角色在倒叙吗？还是第三人称的叙述者在对人物、场景和情节进行评论和观察？

首先熟悉这些概念，然后在小说或者短故事里辨认出这些概念。开始阅读之后，从审美的角度开始分析：这些概念让你感觉如何？你怎么看文中的角色？你喜欢这些角色吗？还是你有和文中角色相关的经历？

其次要确保你能跟上故事的进程，这里包括情节和人物的发展。在阅读每一章的同时，用一两句话在纸上记一下情节的发展或者新出现的人物，能对你跟上故事进程有所帮助。

你能读得多快？

当我们读得过快或过慢的时候，我们什么都不懂。

——布莱兹·帕斯卡

你是否会担心自己的阅读速度太慢？你不必有这样的担心，阅读速度慢不等于阅读能力不行，你能理解和记忆多少内容才是最关键的。和其他事情一样，多练习会提升你的阅读速度。

如果你想了解自己的阅读速度，请阅读下面的文章 [节选自苏珊舒姆斯基（Susan Shumsky）的《唤醒你的第三只眼睛》（*Awaken Your Third Eye*）]，并用表记下准确的时间。

荷马于公元前八世纪完成的史诗《奥德赛》（*Odyssey*）中，有一篇关于第三只眼的寓言。特洛伊战争（Trojan War）之后，英雄奥德修斯准备返回伊萨卡岛的家中。他在库克罗普斯所在的西西里岛遇到一个残忍而野蛮的巨人——波吕斐摩斯。波吕斐摩斯是海神波塞冬的儿子，他的前额中间有一只巨大的眼睛。奥德修斯和他的水手们被巨人监禁在一个洞穴里，其中六人成了巨人的盘中餐。奥德修斯诱使巨人喝醉，然后用一根削尖了的巨大木头刺瞎了巨人的独眼，从而使余下的人得以生还，逃离小岛。

波吕斐摩斯的第三只眼睛正好在前额中央，就像库克罗普斯那样，所以，库克罗普斯的意思也是“独眼巨人”。

了解了这些之后，我们可以思考波吕斐摩斯神话可能的解释了。一种解释是刺瞎波吕斐摩斯的第三只眼而导致天赐的智慧丢失。另一种解释是如果天赐的第三只眼被错误使用，它会变得脆弱而易被摧毁。

古希腊人相信松果腺是思维领域的入口。柏拉图（公元前 428 – 公元前 348）和希波克拉底（公元前 460 – 公元前 377）相信第三只眼是“智慧之眼”。柏拉图认为骨髓和脑脊髓是灵魂的本质，而穴位是灵魂和肉体交流的器官通过精神原液放射出精神能量，他称之为“根本水分”。他把第三只眼看成所有穴位的控制中心。

计分标准如下：

30 秒之内	非常快
31-45 秒	快
46-60 秒	高于平均水平
61-89 秒	平均水平
90-119 秒	慢

120 秒及以上　　　　非常慢

好的读者在快速阅读或超速阅读上述节选文章时，也能轻松地总结其主旨。

是什么因素降低了阅读速度

- 大声朗读或者阅读时动嘴唇。
- 机械地阅读——用手指划过每个词语却不思考。
- 采用了对于材料而言错误的学习方法。
- 词汇量不够。

提升阅读速度的方法

- 集中注意力。
- 消除外界打扰。
- 在整洁舒适的环境下阅读。
- 不要纠结于某个词或者某句话，但要查清楚关键词，以便了解整个概念。
- 与其试图理解每个细节，不如尝试理解整体概念。
- 为避免自己读出声来，试着在阅读的时候嘴里放一支笔或者其他无毒的不含糖的物体。
- 拓宽词汇量。阅读速度慢（或者理解有困难）可能是因为你的词汇量跟不上你目前的阅读层次。

● 阅读得更多更频繁。阅读是一种习惯，并且能通过练习获得进步。

● 避免重复阅读同一个词或者短语。一项研究表明，一分钟阅读250字的学生平均一页内容要重复阅读20次。阅读速度越慢的读者重复阅读得越多。

提高理解能力

● 要保持学习的持续性——理解是建立在把新的知识添加到已有的知识的基础上。

● 在阅读过程中，不断进行回顾和再思考，测试一下自己是否掌握了材料。

● 如果得出的结论说不通，那就重回头，再次阅读，重新得出结论。

● 整理阅读内容，用自己的语言到笔记本上改写。

最好的状态的是，以你觉得舒服的速度进行阅读。虽然我能够做到快速阅读，但是我却选择慢慢读文学作品，从而欣赏作者的遣词造句。同样地，一些对我而言很难的材料，我也会放慢阅读速度。对于报纸和流行杂志之类的书，我的阅读速度就非常快，我不需要在意每一个细节，而是要抓住重要信息。

现在，你是不是觉得应该上一些有关阅读速度的课程？

快速阅读有其益处。许多读者阅读速度之所以缓慢，因为他们觉得阅读的内容冗长又无趣，但是仅仅加快阅读速度也不足以成为一名好读者。只要你坚持练习阅读，你的阅读速度自然会加快。

如何记住更多阅读内容

当你阅读一些需要记忆的内容时，使用以下六个步骤来确保你能记住：

1．**评估阅读材料。**定义你的阅读目的，明确你感兴趣的程度和材料的难度。

2．**选择合适的阅读技巧。**根据你的阅读目的，选择合适的阅读技巧。

3．**明确重要的事实，记忆需要记忆的内容。**让阅读目的决定记忆内容，识别关联性，通过关联回忆细节。

4．**记笔记。**用自己的语言总结主要内容的大纲，用下划线、图表或者树形概念图来展示内容的相互关系和模式。写下关键内容会在将来加强你的记忆力。

5．**复习。**考察自己必须要记住的内容。在你回想材料之前，起码复习三次笔记。第一次复习应该在完成材料阅读的不久之后，第二次是数天之后，最后一次是需要回想材料之前。

6．**学以致用。**学习小组和课堂讨论就是让你学以致用的最佳机会。参加小组讨论会大大帮助你回想学过的内容。

下划线

通过给教材中的关键词语或词组画下划线，可以有效地进行记忆并让复习过程合理化。但是要有选择性，如果你发现阅读下划线内容几乎等于把整本教材再读一遍，那你就画得太多了！

在我的大学时代，课业量增多的时候，我发明了合理利用下划线的方法：

- 画下教材中我觉得学得不完全顺利的部分。
- 标注出总结主要思想或主题的词或句子。
- 集中关注关键词、关键事实、关键概念，跳过那些离题内容、例子和不重要的解释。
- 对课堂笔记和教材笔记画下划线，下次复习起来会更加容易。

要锻炼你画下划线的技能，你可以阅读第 64 页的三段内容 [节选自马克·贝尼奥夫（Marc Benioff）和卡伦·索思威克（Karen Southwick）的《慈悲的资本主义》（*Compassionate Capitalism*）]，然后划出关键词和关键句。

做笔记

你也可以在教科书的空白处做笔记，这可能会让你更容易掌握教材内容。

我习惯于使用一些缩写来帮助我记忆所写内容，然后在边上画竖线来标注重要性：一条竖线意味着需要复习的内容，两条竖线意味着非常重要的内容，星号表示“不学就挂科”的内容。对于需要询问聪明的朋友或者老师的问题，我会在材料旁边打上问号。我会使用圆圈来标注那些我很确定下次考试会出现的内容。

我发现，通过对教材内容的重要性划分等级以及对考试内容的特别标注，我的注意力得到了提高，并能记住更多内容。

变成积极的读者

你可以试着在阅读材料之前提问，然后带着问题阅读。

举个例子，学生时期的我很爱阅读，但在最初几次参加标准测试时，阅读理解部分对我仍然有一些困难。为什么？因为我阅读时太仓促了。

有人建议我阅读材料之前先看问题。效果立竿见影！（怀疑的朋友，告诉你们，SAT 的阅读理解我得了 765 分！）

重新组织材料

我们的思维需要顺序。错视的原理就是思维将感知的信息进行排序。当你阅读的时候，试着对材料重新进行组织，来帮助你的思维吸收。

我喜欢那种用箭头联系词和词组来表示因果关系的图表。如果没有，我就会用一个符号勾勒出事件的起因（比如三角形）。

养成良好的阅读习惯

记住凌晨三点阅读的内容或者在等待婚礼时阅读的内容，对所有人来说都是不可能完成的任务。如果你喜欢的话，那就早上阅读。你是不是在午餐过后才开始工作？那就在晚餐之前完成阅读。

对绝大多数的公司来说，企业慈善主要有两种方式：第一种是CEO非常热心于一个项目，决定把个人或者公司的钱投入其中；第二种是企业因为公共关系或者市场的原因决定做慈善，通过企业捐赠项目或者基金。

这两种方式都有缺陷。在第一种情况里，慈善并没有变成企业文化的一部分，这种慈善是出自CEO的一时兴起，因此也会因为他对项目的投入变化而招致中止或搁浅。虽然有一些热衷慈善的CEO可能在慈善捐赠额上贡献巨大，但是仍然会存在CEO并不把慈善项目看成头等大事的情况，特别是在CEO变动频繁的时候。不仅如此，CEO的热情可能和公司业务不相适应，这也可能导致该CEO离职后慈善项目停止或者资金转移到其他项目上去。

而对第二种情况，如果公司声称会将50万或者100万美元用来做慈善捐赠，那它就会立即被各方面的需求淹没。每个团体，从学校、无家可归者、露天剧场到贫苦的艺术家，都想分一杯羹，这样公司做的慈善基本上是被动地去同意一些提案，而不是积极主动地把对公司有意义的项目落实到位以及说清楚公司会考虑的项目。获得公众的赞美这一慈善动机也会被员工所诟病，因此也不能吸引员工参加。最终，这种慈善承诺是流于表面的，在经济困难的时候很容易被抛弃。

在上面的文章里，你会画出哪些词和词组？我是这么画的：

对绝大多数的公司来说，企业慈善主要有两种方式；第一种是CEO①非常热心于一个项目，决定把个人或者公司的钱投入其中。第二种是企业②因为公共关系或者市场的原因决定做慈善，通过企业捐赠项目或者基金。

这两种方式都有缺陷。在第一种情况里，①慈善并没有变成企业文化的一部分，这种慈善是出自CEO的一时兴起，因此也会因为他对项目的投入变化而招致中止或搁浅。虽然有一些热衷慈善的CEO可能在慈善捐赠额上贡献巨大，但是仍然会存在CEO并不把慈善项目看成头等大事的情况，特别是在CEO变动频繁的时候。不仅如此，CEO的热情可能和公司的生意不相适应，这也可能导致该CEO离职后慈善项目停止或者资金转移到其他项目上去。

而对第二种情况，公司声称会将50万或者100万美元用来做慈善捐赠，那它就会立即②被各方面的需求淹没。每个团体，从学校、无家可归者、露天剧场到贫苦的艺术家，都想分一杯羹。这样公司做的慈善基本上是被动地去同意一些提案，而不是积极主动地把对公司有意义的项目落实到位以及说清楚公司会考虑的项目。获得公众的赞美这一慈善动机也会被员工所诟病，因此也不能吸引员工参加。最终，这种慈善承诺是流于表面的，在经济困难的时候很容易被抛弃。

HOW TO STUDY

第四章

用好记忆力

你应该永远保持拍照状态，如果不用相机拍照，就用思维拍照。
通过思考捕捉的画面会比偶然所得画面更加鲜明。
——艾萨克·马里昂

我可以肯定地说，不管什么时候，只要你努力提高记忆力，你的学习都会有巨大改变。但是，如果你读得很快，五分钟之后却连主题都没记住，那就毫无意义了。

记忆力如此重要，但学校却很少教授。老师可能会教你阅读、写作、组织计划、考试策略，但大多数老师都会“忘记”教授学生记忆方法。

保留、回想和识别

记忆的本质是联系事实和感觉的能力，就像那些事实和感觉刚刚发生一样。发展记忆力就是让事实、公式和经验供你驱使，任何需要的时候，都能唤回它们。

为什么许多人会忘记钥匙、眼镜、手机放哪里了？因为放下这些东西是日常生活中最常做的事情。（根据《读者文摘》的调查，成年人一年平均花费 16 个小时来找钥匙。）而记忆书本和课堂上的知识和公式有困难，其原因也正如此，在学校接受信息轰炸是每天都重复的事情，你怎么能记住这些信息呢？（谁看见我的眼镜了？）

“值得记忆”的名字、日期、地点和事件有什么共同点呢？那就是它们都是不同的。让某件事物值得记忆的原因就是因为它特别，它不同于我们的日常经历。

所以，为什么一些人可以轻易地说出元素周期表里每个元素的名字、符号和原子核重量？

因为这些信息被以某种方式“标注”或者“编码”了。对一些人来说，他们可以自动标注信息，所以很容易地对这些信息进行储存和检索。但对绝大多数人来说，如果想要超凡的记忆力，我们必须付出超凡的努力。

下面我们探索一下记忆的工作方式：保留、回想和识别。

如果一件事足够重要

保留是把过去的经历刻在脑中。如果你认为一件事情足够重要，那把它保留起来就会更容易。所以，如果你让自己相信你正在学习的东西必须保留（和回想），那就把它加入你的长期记忆库。

保留首先是理解的产物。与你阅读的快慢、下划线画得有多好或者用多少支荧光笔标注基本无关。阅读教材，抓住信息并记忆是高层次保留的基础。一分钟阅读一千字的内容并不意味着你就能理解和记忆。

速度要服从于理解。如果你的阅读速度是班级里最快的，但是读完之后却不能总结出一句话的大纲，那你就是在浪费时间。如果你能真正理解作者要传达的信息，花费的时间可能比朋友们多一两个小时，但真正理解阅读内容会在课堂和以后的生活中给你带来巨大回报。

舌尖上的话语

回忆是拿出我们先前保留的内容的过程。读完一部分内容后立即回想是最没有效率的，因此稍后再对内容进行回顾十分必要。我们回忆的能力受以下因素的影响：

- 我们最容易回想起来的是我们最感兴趣的内容。
- 要选择性地决定需要回忆的内容。不是所有的信息都同等重要，你要把注意力集中到最重要的信息上。
- 把新的信息和已知信息相联系会让回忆变得容易一些。
- 对想要记忆的内容进行重复，可以大声重复，也可以在自己脑海里默默重复。
- 对宽泛的概念的回想应该优先于具体的事实。
- 使用你掌握的新数据，通过有意义的方式进行回想。对你进行下一次的回想也有帮助。

我认识你吗？

识别是在看到新的信息时认出它的本质和意义的能力。熟悉是识别的关键，你会觉得自己之前“邂逅”过这个信息，然后把它和其他的数据或者场景相联系，然后会想到它适合的逻辑框架。

如果你曾经嫉妒过你朋友能随时随地回想出事实、数据和电话号码的能力，接受安慰吧，大多数情况下，这种能力都是学习和联系的结果，而非先天的。

为什么会遗忘

既然你已经思考过好的记性的组成部分，那么你也可以用它来解决为什么会遗忘的问题。坏记性的根本原因通常属于以下某一类：

- 没有让材料变得有意义
- 没有学习前提材料
- 没有抓住要记忆的信息
- 没有记忆的欲望
- 觉得学习的方式无趣或无聊
- 没有学习的习惯
- 没有有条理有效率地利用学习时间
- 没能使用我们掌握的知识

其他记忆方法

下面列出一些能帮助你记忆阅读内容的提示：

- 你只能记住自己理解的内容。当你阅读和获取信息时，即是开始了保留的过程。你可以通过用自己的语言进行复述的方式来测试自己是否理解。你能不能总结主题？除非你能理解内容，不然你根本不知道什么应该记忆。
- 记住你选择记住的内容。如果你不想记忆一些信息，或者是不觉得自己能记住，那就记不住！要记住阅读材料，你必须主观上想记住，并且坚信自己能够记住。

● 要确保你能保留阅读内容，你要做的不仅仅是简单地阅读。要真正地记忆所学内容，你需要彻底地学习材料，甚至超量学习。包括课前预习，辩证地阅读，课后进行一定的复习来巩固所学内容。

● 记忆无序内容比记忆按一定顺序排列的内容要难。举个例子，哪一个电话号码更好记，538—6284 还是 678—1234？一旦你找到了第二个号码蕴含的顺序，你记忆它会比记忆第一个号码少花很多精力。培养自己识别各种模式的能力，在需要的时候能够回想起来。建构一个系统来帮助你回忆信息是如何组成和相互联系的。

● 把你试图记忆的内容和已经记住的内容相联系。如果你从心理上把新内容和已有知识相联系，你就在脑海里给了新内容一个语境。

三种记忆方式

三种记忆方式分别是视觉记忆、言语记忆和运动记忆。每一种记忆都可能强也可能弱。绝大部分人最容易加强的是视觉记忆，这也是为什么很多记忆技巧包括形成“脑中画面”。

要加强言语记忆，我们会使用韵律、歌曲、字母替换法和其他帮助记忆的技巧。

最后，不要低估动觉记忆的重要性，这是你身体的记忆。运动员和舞者的肌肉、关节、肌腱都有自己的记忆。

下一次，当你要记住一张清单上的内容的时候，把每个项目都高声念出来，同时移动你身体的某一部分。踢踏舞者可以一边跳着时间步，一边记忆历史课内容。棒球投手可以把挥臂准备投球的动作和清单上要记忆的项目联系起来。即使随机的身体动作也能有作用。

举个例子，如果你要记忆一张清单上的国家，就把每个国家和特别的动作联系在一起。记忆博茨瓦纳时，大声念出来同时举起右臂；记忆津巴布韦时，转动你的脖子；记忆莱索托时弯曲膝盖，记忆布基纳法索时举起左手。

如果你必须要记住这些国家，开始动起来吧！可能看上去有一点奇怪，但只要这对你有用，谁在乎呢？

编故事记忆法

最简单的记忆方法是按顺序记住每个单词的首字母。当然，并不是所有的首字母的顺序都像五大湖能排成 HOMES（Huron, Ontario, Michigan, Erie, Superior）那样顺当。如果你试图用这种方式记忆十二星座，即 (A)ries, (T)aurus, (G)emini, (C)ancer, (L)eo, (V)irgo, (L)ibra, (S)corpio, (S)agittarius, (C)apricorn, (A)quarius, (P)isces。你可能会用 ATGCLVLSSCAP 创造出一个人名或者地名，但是我做不到！

另一种解决方法是用你要记忆的每个词语的首字母创造出一个短句，讲述一个简短但是容易记忆的故事。比如用下面这个句子记住十二星座：A Tipsy Gerbil Chased Lions, Vipers, and Leopards while Some Stoned Cows Ate Popcorn.(一只喝醉的沙鼠追赶狮子、毒蛇和豹子，几头石牛在吃爆米花。)

且慢！这个故事比原来十二个单词还多两个词。为什么没有更好的方法来记忆十二星座？为什么第二种方式更好？首先，第二种方式容易而且有趣地描绘出一幅沙鼠在追逐猎食动物，几头石牛在吃爆米花的画面。正如我们之前讲的那样，创造具体的画面是记忆几乎一切事物的强有力的方式。其次，我们的句子用单词组成了两幅特殊的画面，因此更容易记忆。你可以自己继续尝试，看看自己能用多长时间记住整个句子和与之相对的十二星座名称。

请记住：创造让自己更容易记住的句子。任何能够帮你记住这些字母的句子和词组都可以。以下是我创造的用来记住十二星座的另外两句话：

A Tall Giraffe Called Las Vegas Loved to Sip Sodas from Cans And Plates.(一只叫拉斯维加斯的高个儿长颈鹿喜欢用罐子和盘子喝汽水。)

Any Tiny Germ Could Love Venus. Long Silk Snakes Could All Pray.(任何微小的细菌都能够喜欢金星，丝绸长蛇都可以祷告。)

这两个句子是不是能在你的脑海里绘制出一幅蠢蠢的但是好记的画面？

但是这个技巧也有其局限性：除非你本来就熟悉清单上的内容（比如彩虹七色和十二星座），不然这个方法没有用处。举个例子，过去几十年间，药学的学生用 On Old Olympia's Towering Top A Finn And German Vault And Hop 来记忆脑神经，即 olfactory, optic, oculomotor, trochlear, trigeminal, abducens, facial, auditory, glossopharyngeal, vagus, accessory 和 hypoglossal。能用 German 的 G 联想到"glossopharyngeal"的前提是你已经花了大量的

时间来学习（记忆）清单上的词汇！

现在你可以自己进行尝试，有 24 位古代的不列颠国王名称需要记忆。

Octavius, Constantius, Sulgenius, Eliud, Redon, Eldol, Heli, Lud, Penessil, Idvallo, Millus, Archgallo, Pir, Brutus, Maddan, Hud, Hudibras, Gorboduc, Porrex, Danius, Ingenius, Keredic, Cadvan, Vortimer.

掌握好时间。编造一系列图像来记住上面的列表，然后记忆，不要花费一天时间，每个词控制在五分钟之内。如果你能做到，你已经走在掌握这个强大的记忆技巧的路上。

下面是另外四个列表，供你练习：

奶酪：Samsoe, caboc, stracchino, Red Windsor, Hram Sag, Esrom, Vacherin, Wexford, Provolone, sapsago, Crowdie, Pultost, Arran, Blarney, Mysost, Islay

船舰：Drake, saic, butty, shallop, grab, brigantine, carrack, pram, bawley, whiff, packet, budgerow, gallivant, dogger, Geordie, randan, drake, monoxylon

不常见的水果和蔬菜：yangmei, dudhi, manioc, karela, garlic scape, durian, loofah, cherimoya, pummelo, jabuticaba, samphire

舞蹈：Maxixe, Cabriole, Doppio, Saltarello, Estampie, Polonaise,Bergamask, Ketjak, Moresco, Tordion, Kazachoc, Juba, Safabaude, Zambra, Farruga, Galliard, Czardas, Bourree, Matachin.

很显然，你不需要明白记忆的东西的具体含义，甚至不需要知道正确的发音方式（虽然正确的拼写和顺序对你编故事很重要）。

以下几点帮你编造故事的方法，几乎可以帮你记住任何东西：

- 尽你所能，让你编造的故事剧本不同寻常。
- 不要仅仅将事物摆在那里，让它动起来，越疯狂越好。
- 创造出引起情绪反应的情节，这种情绪可以是高兴、忧伤、疼痛等等。
- 许多学前班和一、二年级的课程都会包含韵律，如果这对他们有效，同样对你也应该有效，不是吗？
- 如果你正在学习三角函数，可以通过学习主要的三个首字母缩略语，SOH—CAH—TOA。用这种简单的方法记住 sin 相当于对边除以斜边，cos 相当于邻边除以斜边，tan 相当于对边除以邻边。

助记符号

和词汇有关的事物都是相对容易记忆的，因为词汇通常都和具体事物联系在一起，而具体事物因为可以看见、触碰、听到或者闻见，能带来不止一种联想。

但是，数字是抽象的，除非和某件事物联系在一起，否则会很难记忆。举个例子，绝大多数人很难记住只听过一次的电话号码，原因就是电话号码不会和一个图像或者一种感觉联系在一起，仅仅是一串和你我毫无关系的数字。

但是如何记忆数字呢？既然数字如此抽象，那么记忆的技巧就是为数字建立更多具象的联系。

和数字做朋友

字母助记系统是一种非常流行的记忆手段，是根据发音把数字和字母、符号对应起来。哈利·洛拉尼（Harry Lorayne）是提出这个概念的先行者，他的方法是把 10 个常见的阿拉伯数字与字母或者字母组合联系起来，具体如下：

1=T, D	6=J, soft G, CH, SH
2=N	7=K, hard C, hard G, Q
3=M	8=F, V, PH
4=R	9=P, B
5=L	0=Z, soft C, S

你可能会想，这是什么意思，我该怎样使用这个系统？

虽然这看起来有点儿荒谬，但请相信我，这其中蕴含了非常天才的方法。

数字 1 是竖写的一画，正如字母 T 那样。D 是一个备选，因为它的发音方式和 T 一样，都是用舌头的前端抵住上齿。

N 代表 2，是因为 N 是竖写的两画；M 代表 3，你猜对了，因为 M 是竖写的三画；R 代表 4（four），因为 four 的主要发音是结尾的 r。

罗马人用 L 代表 5。你张开手掌，你的大拇指和食指也会形成字母 L。

6 看上去像字母 J，特别是书写的比较草的时候，就像我一样。因此，所有发音像字母 J 的，即用舌头抵住下齿，都是数字 6 的备选。

把两个 7 背对背摆放，然后逆时针旋转 90 度，你看见了什么？对，字母 K。所有发音像 K 的字母，即从口腔内部发音的，都是数字 7 的备选。

在手写的数字 8 上画两条平行线，你会创造出一个类似字母 F 的符号。因此，所有发音方式是上齿咬下唇的字母都能代表 8。

同样，9 像一个大写的 P 和看上去相同的 B，B 的发音也是双唇凑在一起，因此是 9 的备选。

0（zero）很容易，它以 Z 开头，Z 的发音是舌头伸直，舌尖位于上下齿中间，任何和它一样的音都是备选。

洛拉尼提醒我们注意的一点是发音相同，这就是为什么在用助记字母的时候，书写的字母不重要，两个连在一起的辅音也不重要（因为两个辅音和一个辅音发音一样）。当然也有例外，两个辅音字母发不同的音（举个例子，accessory）。

你是否注意到所有的助记字母都是辅音？那是因为助记系统的使用者考虑到组成单词和记忆发音的需要，选择了辅音。因此，数字 85 可以是 FooL。又比如：The number of that wonderful person you met in the Student Center today and would so like to see again could be a “normal girl”，或者 2435475（NRMLRKL）。

能不能试着把 π 记忆成七个地方？你可以试试将 3.141592 写成 MeTRic TalLPeNny；你也可以试试把社保号 143257170 记成 DooRMeN LiKe DoGS。

能不能记更长的数字？能不能不费力气就能记住 20 位、30 位甚至 50 位的数字？你可以延长你的故事，也可以把数字形成一系列的图画。

举个例子，如果你要记住289477500938199101550，有21位！可以试着把它分成几组，然后为每一组创造一幅画。

289477可以用NVPRGK代表，这幅画是a sailor(NaVy) PouRing GunK（一名海军在倒垃圾）。

500938是LZZBMV。The sailor is standing LaZily, right By a Movie Theater（这位海军懒洋尖地站在电影院门口）。

199101550。剧场在演奏什么曲目？DeBBie DoeS DallaS（《黛比上达拉斯》）。

能不能把50位的数字分成四幅或者五幅画？试试看吧，你会发现很简单。

其他使用助记字母的方法

这个强大的系统不仅仅用来记忆长数字。比如，下面列出了二战以来的美国副总统的名字：

34 Harry Truman

35 Alben Barkley

36 Richard Nixon

37 Lyndon Johnson

38 Hubert Humphrey

39 Spiro Agnew

40 Gerald Ford

41 Nelson Rockefeller

42 Walter Mondale

43 George H. W. Bush

44 Dan Quayle

45 Al Gore

46 Dick Cheney

47 Joe Biden

以下是如何用助记字母来在名字和对应数字之间建立联系的方法：

Truman: Meet MR (34) True, man

Quayle: Picture a RoaRing (44) quail

Mondale: Picture a Jamaican Ayrdale (mon) RuNning (42)

Ford: Picture a brand new Ford truck RiSing (40) in the air.

字钩记忆法

另一种助记方法是字钩系统（Peg Word System），这种系统将数学 1~10 与 10 个单词分别对应：

1. Tie
2. Noah
3. Ma
4. Rye
5. Law

6. Shoe
7. Cow
8. Ivy
9. Bee
10. Toes

当你要把数字和信息对应起来（比如美国历届副总统），你可以用这些字钩词汇来联系数字。洛拉尼甚至把这个列表扩展到 100，他用的对应方式如下 ：mummy (33), cage (76), roof (48), and dozes (100)。

当然你也可以使用助记字母的发音来创造自己的字钩系统，但是为什么要把哈利走过的路再走一遍呢？你也可以选择菲奥娜·麦克弗森博士（Dr. Fiona Mcpherson）的字钩系统，她用押韵的方式来帮助记忆 ：

1. Bun
2. Shoe
3. Tree
4. Door
5. Hive
6. Sticks (or Bricks)
7. Heaven
8. Gate
9. Line
10. Hen

正如我在本书中一直强调的那样，你要使用自己觉得最容易的字钩词汇，或者干脆创造自己的词汇系统。只有最适合自己的，才是最好的。

HOW TO STUDY

第五章

管理时间

那些最不会利用时间的人，是最先开始抱怨时间不够的人。

——拉布吕耶尔

我确信，本书的很多读者正在挣扎于繁重的任务，有一些人可能会非常纠结，甚至刚刚放弃。他们不会觉得是自己的问题——他们认为只要更努力一点或者花更多些时间，问题就可以解决。

于是，他们喝咖啡、熬夜、考前恶补、废寝忘食。要知道，努力做完所有事情——尽管有太多的事情要做——而没有管理时间的能力，终将导致沮丧和失败。

不管你现在面临多大的挑战，一个简单的、容易操作的计划，对你的成功很关键。别说你没时间做计划、列清单和做记录，这些都是你应该花时间的地方。

你可以提前计划如何安排时间或每项任务需要多少时间，从而更好地控制时间。

高效利用时间的第一步，是确定什么是重要的任务。虽然这很困难，但我们必须认识到自己无法完成所有事情。我们必须把其中一些对我们不是非常重要的任务从繁忙的日程中移除，从而可以把更多精力放到重要的任务上。

本章节的目的，是帮助你选择对自己重要的内容，设立目标，管理和计划你的时间，然后培养积极性和自律性，从而完成计划，达到你的目标。

为什么要花这些时间？

一个适应你自身需求的时间管理系统会让你在更短时间内完成更多工作，不管你的目标是想有更多时间，更高的分数，还是轻松一点的生活。一个高效的时间管理系统能：

- 帮助你首先完成首要任务。
- 帮助你认清每件事情真正所需的时间。这个系统最重要的功能之一，就是评估每项任务会占用你多少时间，并跟踪你具体花的时间，一旦你把这个概念引入自己的生活，你就会发现你浪费的时间都去了哪里。
- 减少拖延倾向。一旦你对自己必须完成的事情有了具体的概念，并且知道自己分配了足够的时间来完成，你就不会因为沮丧而拖延。
- 给予你自由和控制。不同于许多学生害怕的那样，时间管理是自由的，而非限制性的。在一天中，对你一部分时间的控制，能让你剩下的时间更加机动灵活。
- 帮你避免时间冲突。统一安排你所有的活动，任务、约会等等，能确保你两三件事的时间不会冲突，如果真的有时间冲突，你也会提前发现，从而做出相应的调整。
- 帮你避免负罪感。如果你提前分配了时间学习，就不会容易忘记。

如果你没有完成工作计划，就会觉得头上时刻悬着一把剑。

- 帮你评估你的进程。如果你知道你需要每周阅读 75 页书来跟上经济管理课程的进度，而你这个星期只读了 60 页，不需计算你就知道你的进度有点儿落后。
- 能让你眼界宽广。有效的时间管理能让你鸟瞰整个学期的安排，与其等到最忙的时间来临让自己无处可逃，不如提前计划，甚至是提前几周计划。
- 帮助你学得更聪明。你可能会变得十分有条理，知道权衡轻重，知道如何控制时间，因此可以花更少时间获得更高的分数，还可以花时间在其他事情上，比如课外活动等等。

识别起点

如果不知道起点在哪里，你就无法到达最终目标，所以首先你需要了解自己目前的时间使用状态。以下是两种操作方法，我建议你两种都采用。

第一种是用下一页的图表来评估你花在学习上的具体时间有多少，如果时间明显不够，你最好重新评估你在其他方面花的时间。你可能需要减少兼职工作，少去俱乐部，甚至减少通勤时间。当然，如果你每天要用两个小时穿衣打扮或者花三个小时吃饭，解决的方法就很明显了。

第二张图要你自己绘制，以 15 分钟为单位，写下你是如何使用时间的。我建议你画出一周的时间安排，包括周末。

时间都去哪了？

	小时 / 天	天 / 周	小时 / 周
吃饭 (包括饭前准备和饭后清理)	________	7	________
睡觉（包括小憩）	________	7	________
穿衣打扮	________	7	________
通勤	________	5 ?	________
办事	________	7	________
课外活动	________	________	________
兼职或全职工作	________	________	________
课堂	________	________	________
娱乐 *	________	________	________

先填写第一列，乘上第二列的数字，得出第三列。一个星期有 168 个小时（24 × 7）。现在你能剩下多少时间来学习？注意：任何有减号的答案都是一个坏信号。

学着同时间做多项工作：在房子里闲逛的时候听有声读物；或者在洗碗、吸尘或者打理花园的时候让孩子、父母或者室友向你提问考试内容。永远记得随身带着学习材料（教科书、学期论文大纲或生词卡），这样你排队或者等车的时候就能学到很多知识。

策略指导：对日历上的任务进行分析，暂时不看其优先次序，找出可以在 15 分钟或者更短的时间内完成的任务。这些任务是在“死”时间里处理的理想任务。

收集所有资料

既然已经开始为整个学期做计划，你就要收集课程大纲、工作安排表、重要的家庭聚会日期、度假时间、其他个人安排（和医生预约的时间、练习课、约会和派对）以及你可以预见的额外时间。

要想变得非常有条理，你需要做两张表，一个是长期的日程安排表，还有一个是每日日程安排表。

如何追踪你每天的活动（课程、约会、每天的作业和每天或每周的测试）本章稍后会讨论。首先，让我们讨论以下议题——准备期中、期末考试和学期论文。因为这些需要一长段时间来完成，可能是几周，也可能是几个月。

这种长期的计划不会包含很多的细节，相反，它只是整个季度或者学期的计划概览。你只需记下每个测验的日期、论文或计划提交的日期、重要的约会（不仅仅是学校的）和任何你必须记住的日期。

既然这种日历理论上可以一次显示三到四个月的计划，我更倾向于（并建议你也使用）老式挂历。它的大小可以让你很容易识别出几个星期内或者几个月内的活动或者任务。

我在本章后面附上了这种长期计划日历表的样本，正如你看到的那样，它几乎没有什么细节，大概只能提醒你，比如说一月六号不能安排会面，或者说第二十周周末没什么时间学习。

对绝大多数人来说，现在有很多种在线日历可供选择，并可以应用到手机上，苹果日历、谷歌日历和微软 outlook 可能是最流行的，但还有其他数百种甚至是数千种可供选择。绝大部分都可以定制细节，比如让你选择格式、颜色、字体等等。日历和计划型手机应用程序（包括代办清单、提醒和警告）更加流行。

我现在也把我的整个日程安排和每天的代办清单存储在我的苹果手机里面，因为它总是（不幸地）跟着我。

选择你的日历

本章后面还附了每日日历的样表。

你的日历必须包括本周要做的所有事情，如果你正在使用长期版的日历，要确保你把所有相关的细节都加入了进去。要添加所有这个星期必须完成的任务，从送生日礼物给妹妹，到出席每月的志愿者会议，再到花时间去洗衣服或者去买生活用品。

要记住把长期的或者是困难的项目分解成小块儿，正如亨利 · 福特所说的那样 ：“如果他们愿意把工作分割成一个个小部分，便没有无法处理的工作。”因此，他发明了流水线模式。

不管你实际上用的是什么格式，我都推荐你把下面的关键部分加入到你的日历里，正如我在我的样表中展示的那样 ：

- 所有本周应该完成的任务（20 号，21 号和 24 号的几何问题；20 号和 22 号的历史阅读）。
- 所有长期作业的分解任务（20 号选择一个英文题目；2 月 3 号复习历史期中考）。
- 所有非作业类的杂务，约会、打电话等等。
- 用一种编码（我使用 A、B、C）标注每项任务的优先次序。
- 预估每项任务要花的时间（在我的样表中是 T 之下的部分）。
- 每项任务实际所花的时间（A）。
- 额外的笔记或者提醒（带上运动 T 恤，打电话给妈妈）。

再次提醒，为什么做这些

我认为把任务分出轻重缓急是非常非常重要的，如果你坐下来，毫无计划地学习，你会首先开始做脑海里出现的第一个项目。当然啦，不能保证脑海里的第一件事情就是最重要的事情。用编码来为任务标出优先次序的意义，在于按照重要性来对他们进行重新安排。用这种方式让你在没有时间完成所有事情的情况下，至少可以完成最重要的任务。

如果你把一些不太重要的项目一天天、一周周往后推，那从某种意义上来说，你就应该停下来，想一想这件事到底还需不需要做，这也是一种让任务或者问题消失的策略，在职场上，一些经理会刻意回避一些问题，等着看这些问题是不是会在被善意无视的情况下自动解决。如果这在职场上起效，那对你的课业也应该有效。

我也喜欢预估时间和记下实际需要的时间，你整体用来分配的时间应该和你实际能使用的时间相接近。如果你发现自己总是比计划的花更多的时间，考虑一下，把你预估的时间加上安全界限，要对时间进行整体评估，以确保你不会把计划排到凌晨四点。

养成这种习惯会让你知道在未来到底能有多少时间用于分配，而且你这么做的多了，你评估得也就越准确。

完成一项任务所需的时间越长，人们就越容易拖延，甚至会拖延分解任务并列入日常计划这件事。如果你发现自己把长期计划放到最后一周，那么就把最远的事项——比如三个月内要完成的学期论文或者十周以后的口语测试——放在第一位。有一个小技巧，把计划完成日期比实际要求的日期提前至少七天，给自己一个星期的缓冲期，以应对生活中不可避免的意外。（忘了自己用的这个技巧，不然你就会像那些把手表调快 15 分钟依然迟到的人一样，他自己默默地给表上的时间减了 15 分钟，让自己的策略变得无效。）

除了任务的重要性和你可以用来完成的时间之外，其他因素也会决定你如何使用这些工具，有一些因素超出你的控制，比如工作计划，和教授、顾问或者医生的约见等。但仍有大量因素是可控的，而你作计划时应当予以考虑。

别让自己太过疲劳。把你的学习时间分成块儿，用短暂的娱乐活动时间当作休息。把这些加入你的计划中，也是会有所帮助的，你会发现这些短暂休息，能让你再回到学习上的时候，头脑更加清楚、更有创造力。

即使你倾向于把每一段的学习时间加长，但是还是注意不要计划“马拉松”般的学习方式。比如计划“六小时或者八小时的学习过程”而不是“一段段两小时的学习过程”。你计划的学习时间越长，越有可能需要与拖延、疲惫等“恶魔”作斗争。如果你觉得自己已经竭尽心力地在学习，就会更容易把时间耗在让你分心的事物上，不久之后，就在到达极限之前放弃。

记住帕金森定律，工作会自动填充满它被分配用来完成的时间，换句话说，如果你没能给一项任务安排一个小时的时间，你可能会很惊讶地发现，它的完成时间长达两到三个小时。

高效地使用这些工具

一旦你发现对你有效的学习习惯或者模式，那就继续使用，并不断锤炼，要有足够的灵活性，把你从其他方面学到的技巧加入其中，改变那些可能已经过时的计划。

根据你的时间表、目标和专长来制定计划，而不是根据一些所谓的“标准”。分配时间时，你应该根据你在该项目上所花的时间，而不是其他人需要花的时间。判定哪些事情要加倍努力，哪些事情可以轻易完成时，要结合实际和自身情况。

只要有可能，安排一些学习之后的娱乐活动，不要把娱乐安排在学习之前。在合理的阶段，来评估你的进度，然后在必要的时候做出相应的改变，如果你发现自己一直分配过多的时间在某一项杂务上，那就在未来进行相应的改变。

尝试先去做你最不喜欢的事（学习任务、项目等等），如果你能把这些事从你前进的路上挪开，你会感觉更好。尽你所能一丝不苟地完成这些事情，你会更快摆脱它们。

如果你发现自己完成一项任务或者项目比预想的更快，那完全可以继续进攻该任务的下一部分，或者是该项目的下一步骤。

如果你的进度落后了，也不要感到恐慌，你可以去检查你的计划表，找个时间补上落后的计划。

用笔写下来，如果你不需要记住所有事情，你的大脑就会有多余的空间，留给需要集中注意力的事情，或者需要记忆的东西。

学着处理让你分心的事物，正如一则时间管理的格言所说：不要光顾着处理急事，而忘记更重要的事情。一些事情可以在任何时间停下或者捡起来。要注意那些又耗时又复杂的任务，这些任务一旦开始，就必须完成。一旦中途被打断，就意味着推倒重来。想想那是多么浪费时间吧！

一种对抗这些精神入侵者的方法是了解你自己的学习生物钟，然后做出相应的计划。每一个人一天之中都有最高效的时间段，把这些时间段找出来，然后安排上你的课业。

注意“不速之客”，除非你正准备休息，否则它们定会打扰你的计划。有些“敌人”则隐蔽，它们也许是忽然想要削好每一支铅笔的欲望、从未有过的强烈的打扫屋子的冲动，或者主动帮妹妹做作业的想法。如果你发现自己正在做学习之外的其他事情，要么休息一下，要么收收心重新回到学习上。自律也是一种需要通过练习才能掌握自如的学习习惯。

简单的一个“不”（对别人或者对自己），会帮你隔绝开这些不受欢迎的打扰。把“请勿打扰”的牌子竖起来，然后坚守阵地，不论面临何种诱惑。

如果你的日程表里有和别人一起学习的计划，那把他们的时间观念也一起列入考虑。你可能会发现你要计划额外的等待时间给一个常年迟到的朋友，那就记着一定要随身携带一本书。

一天中最重要的 15 分钟

每天安排出 15 分钟来回顾全天和全周的优先事项，虽然很多金融人士喜欢把这个 15 分钟安排在一天的开头，但我还是推荐你把它安排在一天的结尾，原因如下：

1. 在一天的结尾更容易分析你已经完成和没有完成的事情。

2. 这是结束一天的好方式，即使你学到了晚上 11 点，如果能为第二天做好充足的准备，你会卸下压力安然入睡。

3. 第二天早晨，你会有一个良好的开始。如果你每天早上开始计划，那 15 分钟的计划时间就容易变成一个小时漫无目的地思考，别人已经悠闲地喝咖啡了，你才刚出门赶路！

你所能获得的回报

很多事情，如果你把它们细分，那看起来就不会那么压力山大了。学习也是如此。

当要完成论文的时候，你会不再担心，因为你已经为之做出了计划。

你会完成任何你需要完成的事情。一步一步来。

当你习惯了管理时间，你会发现你比之前拥有了更多的时间。

长期计划日历表（填充样表）

	一月						
	周一	周二	周三	周四	周五	周六	周日
	1	2	3	4	5	6	7
		戈尔巴乔夫论文初稿			法语 词汇测验	妈妈来访	
	8	9	10	11	12	13	14
		英语 期中考试	几何期中考试	历史期中考试			
	15	16	17	18	19	20	21
						曲棍球锦标赛	
	22	23	24	25	26	27	28
			提交法语项目前两部分		法语词汇测验	曲棍球锦标赛	
	29	30	31				

每日日历表（填充样表）

一月

20	周一	T	A	备　注
A	几何　　问题 24-42 奇数	40	60	带上牛奶和鸡蛋
A	历史　　阅读第三章	30	40	别忘记家庭作业
A	生物　　完成实验报告	60	25	
阅读第八章		25	30	
C	选英文题目	20	15	
和老师确认题目		10	10	
A	带上运动 T 恤			
B	事情结束之后打电话给 Cheryl			
A	晚上七点乐队排练	120	180	

21	周二	T	A	备注
C	健康　重做图表（周五截止）	30	20	
A	几何　24-42 偶数	40	70	
B	西班牙语　论文初稿	75	120	预约周四见 Dawkins 先生
B	6:30 乐队	120	150	

20	周三	T	A	备 注
A 西班牙语 论文终稿		60	70	
校对		30	30	
A 历史 第四章		30	45	
B 生物 第九章		30	45	
第 112 页问题		50	30	

23	周四	T	A	备注
A 结束健康图表 校对		20	40	带上牛奶和鸡蛋
B 研究英文论文		120	0	2:30 Dawkins 先生
（在线）				
				带上运动 T 恤
				下午 5 点看医生
6:30 乐队		60	150	

24	周五	T	A	备注
B 几何 问题 85-110		50	90	
		40	70	Jerry，你今天晚上来接我吗？
		75	120	什么时间？
				带上睡衣
				牙刷
				化妆品
打电话：Rob 742-6891				CD（参见清单）
Jack 742-2222		120	150	
Ira 743-8181				
Cheryl 777-7777				

25	周六	T	A	备注
A 学习几何		120	90	
B 复习历史，准备期中考试		120	120	
（2 月 3 日）				
A 生物 113-114 页问题		60	45	

26	周日	T	A	备注
娱乐				
				打电话给妈妈
上午 11 点 教堂				
下午两点和 Amy 吃饭				

HOW TO STUDY

第六章

在课堂上脱颖而出

大多数老师会借用课堂环境来补充和解释课本以及其他阅读材料中的内容。如果能在课前就完成阅读任务，你就可以利用整堂课来学习老师讲到的新知识。

随着科技的进步，老师们的装备库里接连不断地增加许多新的工具。你们当中有些人可能依旧会整日待在连自家奶奶都必定熟识的传统教室里，借着粉笔黑板、下拉地图、投影屏幕以及一台架在支架上的老式投影仪学习。

然而，许多教室已经经历了彻彻底底的改造，交互式电子白板取代了黑板，笔记本电脑取代了纸和笔，幻灯片授课取代了传统授课方式。你们自己可能也适应了新的方式——我相信你们中的很多人现在更喜欢使用笔记本电脑或平板电脑，而不是纸和笔。

对于这一不断发展的“有线教室”，我所看到的唯一的缺点是其产生的信息量严重过载。

然而，正是有了这些技术的进步，本章中提及的许多课程变得更容易开展。你可以随时随地查看课程幻灯片、老师的笔记以及推荐阅读的书目，甚至还可以浏览相关网页。

如何将你需要学习的知识传达给你并不十分重要，重要的是你培养了获取它、分析它并且吸收它的能力。

了解你的老师

你同样应该花些时间去了解你的老师，对他或她的喜好、风格以及对学生的期望进行分析。然后根据你收集的每位老师的习惯、教学目标和倾向等资料，调整你的准备工作。

我鼓励你在课堂上多提问。不要将课堂提问想得过于困难，只要对某点内容不理解，你随时都可以提问。有些老师很自信，对课上随时抛来的问题都可以应答如流；有些倾向于在当天课程结束后进入问答环节；还有些则完全不喜欢问题（或者与此相关的任何互动）。了解每位老师喜欢何时以及以何种方式回答问题，然后再相应地提出问题。

尽管有些课堂已做好预热，可以随时展开自由讨论，但如果师生之间的讨论偏离具体课程计划过多，有些老师可能会担心局面失控。有些老师鼓励讨论，但总是尽量将其引导到事先制定的轨道上（即课程计划）；有些老师则喜欢混乱地讨论，在这种情况下，你永远无法知道接下来会发生什么。

在前一类老师的课堂上，老师会引导你参与课堂讨论，但也会提醒你在他已设定的范围内进行讨论。

而对于后一类老师的课堂，你可要做好十足准备，仅仅阅读课本是远远不够的——老师的课堂重点是你对关键概念的理解、解释、分析以及你将课堂知识应用到具体情况或问题上的能力，而这些情况和问题在你的课本中却是只字未提！

有些老师的课程计划或讲课内容并不理想，只是把课本上的知识重复一遍。而有些老师的计划或讲课内容则比较全面，在回顾课本知识的基础上再开展一些讨论，这些讨论主要针对他们认为会给你带来疑问的困难知识点或领域。还有些老师仅仅将课本或其他作业作为一个出发点，他们的讲课内容或课程计划可能涉及许多课本上未出现的知识点。对于这类老师的课堂，你不仅需要死记硬背实例和数字，还要时刻做好被点名的准备，以防老师让你举例论证、解释概念或者遵循其他五花八门的要求。

大多数老师和教授都有相同的目标：教你如何思考，学习他们授课科目的重要原理和事实，可能还包括如何以你自己的方式应用这些知识。

在数学或科学课上，将所学知识运用到具体问题上的能力至关重要。

其他科目，如英语，会要求你分析和解释不同的作品，但可能着重强调“正确”的解释。

不论你的老师是何种类型——每种类型的老师，你可能有一位或多位——你需要做的是调整本章所述的技能，让其适用于每种类型。

了解老师的风格

所有高效率的老师每节课都会有一份计划。他们会确定好要讲授的知识点，检查作业和回顾前几节内容所需要的时间，要讨论的内容，以及给予学生提问的时间。

针对老师具体的课堂计划制定笔记策略是取得学业成功的另一关键。为什么有些学生似乎总是知道哪些是重点知识，哪些是非重点知识？甚至在没看课本的情况下，他们又是如何搜罗出那些必考知识点的呢？

这些学生天生就知道的是，凡课堂上讨论过的内容都可分为四类：

- 课本或其他阅读任务中未涉及的信息。
- 课本中已涉及的关于晦涩知识点的解释，但学生依旧难以掌握。
- 进一步解释某一概念、过程或主题的演示或例证。
- 课本内容的背景知识。

在听老师讲课的同时，试着去揣摩他所说的内容属于哪一类，这将会帮助你确定针对这段讲课内容，你的笔记范围和详细程度。

老师也是人，也会因学生的一些小动作而留下深刻印象。除了不要采取过于谄媚的态度，偶尔课后留下来或者在办公时间拜访老师都是给老师留下好印象的方法。如果你的老师布置了任何可以额外加分的任务——与大学老师相比，高中老师更常布置这类任务——一定要做！即便做得差强人意，你依旧能赢得额外加分。

如何做好课堂准备

以下内容会告诉你，在走进教室（或打开电脑）就座之前，你该如何做准备。

研读教学大纲

研读教学大纲以及第一节课提及的或者网上公布的任何课程信息。

一份标准的大学课堂教学大纲包括：

- 课程编号、授课地点以及授课时间
- 讲师信息（名称、电话、邮箱、办公时间）
- 所需教材和资料
- 补充（可选）教材和资料
- 官方课程介绍（包括预修科目）
- 学习目标
- 行为准则（包括考勤、手机使用以及其他要求）
- 课堂教学细节
- 评分结构（考试、报告以及课堂参与所占比重）

老师会自动默认学生已经认真阅读完教学大纲中的所有要求和政策，所以不会在课堂上再次重温大纲。你没能遵照报告的格式要求，或者忘记考试时间等理由将不被接受。

完成所有任务

不论老师采用何种教学风格或形式，几乎每一节课都会布置课文（或两篇或三篇或更多）阅读任务。在上课之前，你必须阅读课文和其他指定书目。

有时你可能觉得课前未读指定书目，你仍有机会侥幸逃脱，尤其是你了解老师的讲课形式,深知被点名的机会微乎其微。如果老师突然决定——之前从未出现过——利用整节课提问，那么你必定会被扣分，我曾经亲历过这种情形。对未准备的同学来说这并不是一段愉快的经历。

当你在课堂上无法将新内容与课本内容区分开来时，你会发现你很难记下清晰简洁的笔记，在这种情况下，你只需将前一天晚上你在课本上画线的部分原封不动地抄下来便可。同样的，你会发现对老师言论重要性的评估也存在难度。

如果你想参与讨论组讨论，但是没有提前阅读，你该怎么办？我认为世界上最可怕的感觉就是，坐在教室里，明知迟早会被点名提问，却不知道该怎么回答。

请记住：完成阅读任务不仅意味着要阅读课本，还要阅读其他指定书籍、文章或讲义。同时，它还意味着完成其他非指定阅读书目——提前为上交实验报告、主题列表或展示口头报告做准备。

毋庸置疑，完成作业很重要，但交作业更重要。我的女儿林赛在读小学的时候做事就没条理，作业不是忘记带就是带了却忘记交。

我的解决办法是给她一个亮红色文件夹，标有“家庭作业”的字样，只要她完成一份作业，就将作业放入文件夹中。在上床睡觉之前，她还得把文件夹放在书包上边，这样整理书包时就不会遗忘掉作业。每次上课前，她就掏出文件夹，检查是否有要上交的作业。有时候，最简单的解决办法反而是最有效的。

温习笔记

你的老师很有可能会从上节课未讲完的知识点开始讲解或者展开讨论，而你要是不查看笔记，可能就记不得上次未讲完的内容。

准备好你的问题

是否存在令你百思不得其解的问题？这是找到这些问题答案的机会。在上课之前浏览一遍你的问题。这样，你才能核对老师在讲课过程中已回答的问题，而只需提问那些没有解决的问题。

端正你的态度

要做到利用学校和课堂充分地学习，在一定程度上取决于你是否能够做到全心全意、专心致志。即使你准备充分，只坐在教室里吸收老师讲授的知识依旧不够，你还需要积极参与学习中的每个阶段。

课堂上要做些什么

牢记自己的优势以及在哪些情况下你能发挥最佳水平——参考前两章内容。审查自己的技能列表，把精力集中在那些之前你学起来最吃力的课程上。

坐在前排

虽然你可以选择不坐在前排，但我仍然建议你坐在靠近老师的位置，以最大限度地减少干扰。

离老师越远，你越难听到老师讲课的内容。你的位置越靠后就意味着有更多的脑袋在你面前晃来晃去，有更多的学生望向窗外或盯着手机，好让你受到鼓动，步他们的后尘。

坐在前排有几点优势：

- 老师对你的第一印象会非常好——有可能你是唯一坐在第一排的学生。他即刻就会认为你来教室是为听课和学习，而不是只为占座位。
- 你无需费力就能听清老师的讲课内容，而且当你提问或回答问题时，老师也能听到你的声音。
- 清楚地注视着老师的一举一动有助于确保你不会和其他同学一样四处观望或眺望窗外。

我不知道这对你而言是幸运还是不幸，但只要遵循了这条建议，你将难以在课堂结束之前偷偷从后门溜走。

避免因其他同学分心

你的同学可能是你很好的朋友、有趣的午餐同伴或可爱的室友，但是当你坐在他们旁边时，他们的怪癖、喜好和个人卫生习惯会分散你的注意力。

在你认真聆听数学老师讲解欧几里得时，扳指关节、咯咯笑、窃窃私语以及传纸条等都是转移你注意力的祸端，要规避它们。

留心听言语间的线索

识别需要记笔记的内容意味着要分清值得和不值得记录下来的内容。要做到这一点，你就要倾听老师言语间的线索，留心观察非言语的线索。并非所有老师都会提供给你想要的线索，但大多数都会在讲解或展示重要信息时发出信号——稍作暂停；重复某一知识点（可能在你的课本上已经存在）；放缓讲课速度；讲课声音变大（或变轻）；或者直接说明，“我认为以下内容非常重要”，又或者更明显一点，“这部分是考试必考内容”。

还有许多词语或短语标示着你需要记笔记（同时，向你提供线索，让你整理笔记，使其更符合逻辑）：“首先”“最重要的是”“因此”“结果是”“总结一下”“另一方面”“相反”以及“以下原因”。

这类词语和短语提供给你的线索不只是让你记下其后的内容，还要让你联系上下文——制出清单列表（“首先”“以下理由”）；建立因果联系（“因此”“结果是”）；识别对立关系或替代关系（“另一方面”“相反”）；得出结论（“因此”“总结一下”）；或者给出解释或定义。

留心观察非言语线索

有研究表明，人与人之间的沟通只有一小部分是通过语言传达的，而当某个人与我们讲话时，我们接收到的大部分信息都来自于肢体语言、面部表情以及语音语调。

绝大多数老师会在讲解与课堂主题相关的内容时突然扯些题外话。其中有些题外话很重要，但是，至少在前几节课上，你可能搞不清楚哪些题外话是重要的。

肢体语言可以成为你的线索。如果老师开始寻找窗户或者眼神呆滞，其实他发出了一个明确的信号："这部分不会出现在试题上。"

相反地，如果他与几位同学进行了目光交流，同时做出特别夸张的动作，这说明这部分知识非常重要。

提出问题

千万不要每隔 90 秒就举手提问或回答问题。积极主动的学生在听课时会问自己是否理解已经讨论过的内容。如果没有理解，在适当的时间向老师提问，或者，因为一些问题让你没能完全理解课程主题，那便将这些疑问写下来。

试着总结老师所讲的内容。想一想课堂主题，以及它与指定阅读内容之间和既定事实之间的关系。

笔记要清晰简洁

我敢肯定，在课堂上，你曾观察到有些同学不断地在记笔记，有些同学一页却只记了两行，而大多数处于这两类之间。

那些一直做笔记的同学，要么是在给外省的朋友写信，要么是根本分不清哪些内容重要哪些不重要。

与上述截然不同，有些同学则几乎不做笔记。当老师明确指出："现在把这些记下来，还要背诵。”这些学生才会振作起来挥挥笔头，但多数情况下都是昏昏欲睡。

一旦考试临近，且看他们汗流浃背，埋头苦学。因为没有好的课堂笔记，他们只能疯狂地翻阅课本，以找寻应对考试的只言片语。

笔记要做到清晰简洁，首先要锻炼自己的辨别力——从多余信息中区别出重要内容，以及识别并牢记关键概念、事实以及观点，忽略其他内容。反过来，这也需要你认真聆听老师的讲课内容，记下那些你需要理解的概念。对于有些人而言，记下简简单单一句话就可草草了事；但对于其他人来说，笔记中还有详细的例证。

请记住：你的笔记质量与笔记的长度无关——三行就涵盖整节课核心概念的笔记，远比重要内容较少的长篇幅笔记有价值得多。

如果你紧紧跟着老师的步调，依旧发觉自己的思绪游荡，无法确定老师所讲内容，无法从不必要的冗词冗句中挑拣出重要且值得做笔记的内容，那么便运用本章提到的技巧，来帮助你整理和简化你的笔记。

如今许多老师会将他们的笔记（和课堂上用到的幻灯片）上传到网上，以节省学生的时间，减轻他们的负担。

选择性学习

你已经知道英国的首都、水的化学式和欧内斯特·海明威写了《老人与海》。那么，为什么还要把这些内容写下来，既浪费时间又占笔记空间呢？

为了展开进一步的讨论或者介绍更为困难的知识，你的老师可能会讲到一些你已经知道的内容。不要条件反射似的拿起笔就把你已经知道的时间、词汇、术语、公式和名称一字不落地都记下来，这样你实则是在浪费自己的时间——不仅仅是课堂时间，课后你还会把时间耗费在复习过于详细的笔记上。

请记住，笔记高效与否取决你是否独立完成以下五点：

- 积极听课
- 选择相关信息
- 简化笔记内容
- 整理笔记内容
- 阐述笔记内容（课后）

锻炼你的速记能力

要简化笔记，你不必成为速记高手，以下五点便可帮你做到：

1. 删掉元音字母。纽约市各地铁站都有这样一句标语，“If u cn rd ths, u cn gt a gd jb”（原句为“If you can read this, you can get a good job”，意思是“如果你读懂这句话，你可以找到一份好工作。”），而且，我们还可以补充一句，“u cn b a btr stdnt”（You can be a better student）。

2. 使用单词前几个字母（用“rep”指代 representative，意为代表；“Dem”指代“Democrat”，美国民主党）和其他容易记住的缩写。

3. 切勿在缩写后加句点。

4. 使用统一的符号来代替单词。你可以参考下面的列表，其中有一些你可能熟悉的符号借用自数学或逻辑学课程：

~	大约
w/	连同、与
wh/	哪一个
→	导致、结果是
←	原因是
+	和、也
*	非常重要
cf	比较、与……相比
ff	以下
<	小于
>	大于
=	相同
↑	上升、增加
↓	下降、减少
esp	特别是
△	变化
∈	由此得出……
∴	因此、所以
b/c	因为

5. 根据自己的需要，创造便于自己使用的符号和缩写。

我猜你一定想要创造三个符号——这三个符号会被反复使用 ：

What! 在“这究竟是什么？”“她说了些什么？”或者“发生了什么？我完全不知道！”等句中，这一符号可指代“什么”。它是指那些错过的内容。在你的笔记中给那些错过记录下的部分留出空间，课后记得补全。

My! 这一符号指代“我的想法”或者“我的意见”，用在笔记中便于清楚地将我的想法与课上老师的讲解区分开。

Test! 这一符号强调“考试内容！”，即必考内容，一定要复习的内容！

不同的科目，可能需要不同的符号或缩写。在化学课上，“TD”可以代表热力学，“K”为气体动力论（不要将此处的“K”与开尔文 Kelvin 中的“K”混淆），“BL”指波义耳定律。在历史课上，“GW”可以表示美国国父乔治 · 华盛顿（George Washington），“ABE”指正直的亚伯拉罕 • 林肯总统（Abraham Lincoln，绰号 Honest Abe），“FR”为法国大革命。

如何让笔记内容清晰明了？为每一门课设计一份整个学期会频繁用到的缩写和符号列表，并将列表写在对应科目的笔记本（或大纲文件）扉页。

一定要注意——考虑到你会热衷于使用我建议的速记系统，我需要提醒一点 ：不要设计过多的缩写，否则你将无法读懂自己的笔记！你可以让缩写稍少一些，文字稍多一些。不论你采用什么样的符号和缩写系统，一定要确保你的符号和缩写可以帮你节省更多时间来聆听老师讲课，而不是完完全全复制他所说的所有内容。

康奈尔系统

康奈尔系统是一个众所周知的笔记系统，许多大学生都在学习它。如果这一系统对你有用，那你也可以借鉴使用。

首先在一页纸左起五至七厘米处画一条垂直线将该页一分为二，然后在右侧写下你的笔记。

上课期间：按你习惯的方式做笔记——分段式笔记、画线或者使用自己的速记系统。

课后：重新阅读你的笔记，并把它缩减到只剩下关键词，这些关键词能够帮助你回忆课上讲解的重要知识点。将这些关键词和短语誊写在左侧。

当你掌握了这一技巧，你会发现在准备考试复习时你无需再去浏览右侧内容，只需复习左侧简明扼要的内容。

如果你喜欢使用笔记本电脑或平板电脑记笔记，这一方法同样适用。

积极参与每一堂课

你会发现，在许多课堂上，老师没有讲课，反而非常鼓励课堂讨论，多数情况下都是问答形式的讨论。这种形式的对话不仅能检查你对具体主题的认识和理解，还能查漏补缺，找出你需要学习的部分。

参与讨论可以最大限度地发挥自己的讨论能力。大多数老师会把课堂参与当作学期成绩的重要组成部分。无论你的论文和考试得多高的分数，如果你在课堂上从不发声参与，那么你不必为你的成绩没有达到优秀感到惊讶。

如果你跟不上讨论节奏或某一思路，那就请老师重新说明或者解释一遍。对于那些你需要知道答案的问题，要根据老师的喜好以及课堂形式适时适当提出。

要注意的是，虽然现在你的笔记水平已练习得十分优秀，但依旧不要去分析你未听懂的内容，或者在你与老师或同学意见相左的情况下，内心自动否决他们，这样会对你造成干扰。把时间耗费在绞尽脑汁想出要提问的问题上，同样也会分散你的注意力。以上这三种行为都会导致一个结果：你没有听课!

最后，认真聆听你的同学说出的每一句话——你会发现他们的评论、态度、观点和老师的一样，都富有洞察力且对你大有助益。如果你性格内向或者在被点名时大脑一片空白怎么办？勇敢地提问吧！相比参与讨论，提出讨论问题会更容易些，同时还会帮助你突破沉默寡言的性格，让你参与到讨论中去。如果你只有在头脑发热的情况才会在课上冲动发言，请考虑选修一门公共演讲课程。

最重要的还是要提前准备和勤加练习。对多数人而言，站在全班同学面前或者不想离座参与课堂活动的恐惧心理，实则是缺乏自信的表现。

缺乏自信源于准备不足。你准备得越充分——如果你了解课堂内容的来龙去脉——你越会认为自己可以，甚至非常想举手，好向其他人展示你的才能。与朋友、家人或亲戚练习也会有所帮助。

如果你在口头报告上存在问题，请参看第八章内容。你会发现其中的一些提示会帮助你消除诸如课堂讨论此类形式的谈话造成的恐惧。

课后要做些什么

尽早复习笔记，补全笔记空白，标出你需要从课本中找寻答案或者下节课要向老师提出的问题，然后在日程表中记下新的任务作业。

我不赞同把抄写笔记当作一项平常的练习，因为我认为笔记应该一次就做好，无须再浪费时间做毫无价值的复制工作。但是，如果你的书写速度很快，笔迹难以辨认，重写一份易读的笔记不无裨益，你可以顺便借此机会对你的笔记内容进行总结归纳。笔记越好，你越能抓住和回忆起相关知识。

大多数高中生可能实行起来略有困难，但在大学校园，学生有很大的自主性可以自己安排课程，我建议“间歇学习法”——即每堂课后留出一段开放时间，甚至半个小时亦可，用于复习该堂课的笔记，并为下节课做准备。

如果你没有这样的开放时间可用，那就尽可能将上述任务安排在课间的零碎时间完成。

缺课怎么办？

如果你经常缺课，即使你将本章中的技巧全都运用了一番，其结果依旧徒劳无功。所以，千万不要缺课！出席临近每个季度或学期末尾的课程非常重要。老师有时会利用最后一周的课来回顾整个学期的教学内容（这是缩短你复习时间的绝佳方式），阐明一些他们认为依旧含糊不清的内容，以及/或者答疑解惑。在此期间，学生会不约而同地问到期末考试，有些老师可能还会透露一些考试的细节。

如果你因故无法去上课，那就向笔记记得最好的同学借笔记。一些老师也可能会把自己的笔记借给你或者公布在网上。

HOW TO STUDY

第七章

为研究做好准备

知识分为两种，一种是我们知道的东西，
另一种是知道在哪儿可以找到有关信息。
——塞缪尔·约翰逊

在高中或大学里，几乎所有的课程都需要你准备书面或口头报告。

本章，我将介绍撰写论文或报告需要遵循的一般规则，以及开始撰写论文之前需要完成的步骤，比如，如何利用图书馆或网络资源进行调研。

在此之后，只要按照我的建议准备论文，你的分数将比之前高出一个档次，你也将不再恐惧论文写作。

除此之外，你还将学会：

- 如何追踪某一主题的信息。
- 如何整理这些信息，并得出结论。
- 如何准备一份条理清晰、思想深刻的报告。
- 如何有效清晰地传达你的想法。

完成一篇调研论文所掌握的技能，是从学校学到的诸多事务中最有价值的。

一旦你掌握了这些技能，便可以将其应用到高中或大学的任意课程上。不论是准备其他领域的研究论文，还是处理短文、读书报告或实验报告之类的小任务，你都能应对自如。

毕业之后，这些技能还将帮助你在职场获得成功：无论你选择何种职业，准确分析主题、简明扼要撰写成文的能力，将成为非常宝贵的技能。

四项基本原则

以下基本规则你需要铭记于心：

- 永远严格遵循老师的指示。
- 永远按期提交论文。
- 永远保持打印的论文书面干净整洁、内容条理清晰，决不允许出现任何拼写或语法错误。
- 永远保持每一份论文至少有一份备份。

老师的指示有多重要？

老师的指示可能包括：

- 从大致的学科范围中选择论文主题，如“关于伍德罗·威尔逊总统职务的一些讨论”“最高法院的一项决议”或“埃德加·爱伦·坡的一本短篇小说”。
- 关于论文格式的特殊要求。
- 对论文篇幅的建议。
- 关于脚注、尾注、参考文献的首选方法。

- 其他具体说明。

无论老师的指示是什么，请严格遵循。有些高中老师可以原谅你的疏忽，但是我知道，大学教授绝对不会接受那些不按照其指示完成的论文，还会给这类学生不及格。

有些老师提的要求比较少，或者压根儿没有，如果偶遇时你问他："论文篇幅需要多长？"他会回答："按照实际情况而定。"这时你得用常识判断：如果你是初中或高中生，我猜他想看到一份50页的论文，但如果你是大学生，三页纸的论文，外加相当宽的页边距，教授们断然不会接受。这种情况可以参考之前老师布置过的任务。

在任务不明确的情况下，先选择两三个你想写的主题，再寻求老师的初步审定也不失为一种好方法。

拒绝任何理由

不要为延迟提交论文找任何理由，除非突发重大疾病或者具有生命危险的急症。此外，一些老师也不会接受一份迟交的论文。老师若是仁慈，也会因为你的迟交降低分数，可能从A降到B或者更低。如果你的情况情有可原，比如病期延长、家庭成员去世等，请立即告知老师，安排论文延期。

格式很重要

诚然，老师想要看到的是详实有据、精彩纷呈的论文内容，也应该根据内容打分。但是，格式亦不可忽视。所以，请遵循这些建议：

- 绝不手写论文。
- 不论打印还是复印，确保所有页面清晰整洁。
- 始终设置双倍行距，上下左右留有足够（但不宜过度）的空白，除非老师另有指示。
- 字体应简洁、清晰、易读，切勿使用花哨的斜体、哥特式或其他华丽但难以阅读的字体；避免字号过大，将原本五页的论文延长成十页，也应避免字号过小，造成阅读困难。

从以前的论文中可以学到什么？

老师返还给你的论文上一定批注了很多有用的意见评论，他在告诉你拿到 A+ 确切的得分点，这就是你要保留这些论文的原因。你的老师都批注了哪些意见？他的评论是否适用于你正在撰写的论文——语法不通、缺乏组织性、缺乏调研、段落间衔接不自然以及拼写错误？如果将这些问题解决了，你的这篇论文一定会比上次进步很多。

如果你之前的论文分数较低，但是批注较少，那就去问老师你分数低的原因。

如何开展研究

要着手任何研究项目，首先要列出宽泛的大纲或主题（以及资源），再逐渐缩小你的关注点，使你的主题越来越具体，你所找的资源也就会越来越有针对性。

百科词条通常最全面也最简洁，其涉及领域广泛，且（相对）不断更新，是比较理想的“宏观”资料。（请记住，百科词条仅限于研究准备阶段使用。大多数老师不会接受你的论文里满篇都是你改述过的百度百科或维基百科的释义，也不会接受你的参考文献只有三个百科词条或者一份可信度不高的网站列表。）

下一步考虑使用特定领域的百科全书。这些百科全书似乎都是大部头卷册，比如：圣诞百科、陈查理电影百科、古生物学百科、文艺复兴百科、沙漠百科、吸烟与烟草百科、护理学历史百科以及牛津食品百科。

如果你所写的论文与某一历史或当代人物有关，考虑参考名人辞典或者名人录系列（Who’s Who）的具体卷册，该名人录系列收录了艺术与戏剧等领域的众多知名人物，甚至一些欠发达国家的名人都编载在册。

而参考类网站几乎每一个小时就会产生一个。有了这么多资料，你无需做更进一步的调研，便可以轻而易举地选择一个适合的主题，收集足够信息拟定初步大纲。

不过，拿到 A+ 论文仍然需要你浏览其他资料以获取更加详细的信息。你需要阅读你研究领域的专家撰写的书籍，以及与你主题相关的杂志、新闻和期刊文章。

就只有这些资料吗？当然不是，还有文集选集、各类手册、政府文件、电影和视频，但这些只能作为备选的论文资料。

评估和查找资料

请将精力集中在那些近期已经出版或者由权威人士撰写的资料上。但同时，也要从更广泛的资料中寻找信息，否则，你掌握的信息可能过于片面。

资料有两种类型：主要资料和次要资料。

主要资料是由见证或参与某项活动的人物所撰写，比如一份某科学家针对其进行的实验而撰写的报告，这样的信息来源相较可靠。

次要资料的作者虽然没有亲自参与某项活动，但却参与研究了某一主题。比如，当你阅读一本关于上世纪 50 年代的书籍时，其作者却出生于 60 年代，那么这本书就属于次要资料。

那么，我们应该从哪里查找资料呢?

你有两种选择，要么去当地的公共或学校图书馆，查阅其出版刊物索引，索引上列有图书馆中已出版或可参阅的所有文章、书籍及其他资料目录；要么上网查找。

图书馆资料如何管理

许多图书馆已经实现了电脑化操作，使读者能够更容易获取馆内的各类资料，你可以通过输入类目、作者或标题等索引信息来查询相关书籍，可能还需要咨询当地公共、学校或高校图书馆内管理员，熟悉图书馆具体的借阅和归还信息。

为了便于管理和借阅，大多数小型和学术类观书馆采用了杜威十进制分类法，该系统采用数字 000—999 将所有资料按照类目分类。它先将所有书籍划分为 10 大类：

000 — 099 总论

100 — 199 哲学

200 — 299 宗教

300 — 399 社会科学

400 — 499 语言

500 — 599 自然科学和数学

600 — 699 科学技术

700 — 799 艺术

800 — 899 文学

900 — 999 历史地理

鉴于大型图书馆的书籍有数百万册，仅仅将它们分为这 10 大类仍然会造成某些特定标题查询困难。故这 10 大类中的每一大类又进一步分成了 10 小类,这 100 个小类又细分成了更具体的类目。例如,在哲学类(100-199)中，150 为心理学，170 为伦理学；在历史类（900-999）中，910 为旅行，930 为古代史。

在此基础上对各小类还有更进一步的细分。数学的分类码为 510，属于 500-599（科学）这一大类，同时，数学领域内各个具体科目也有相应的分类码：511 指算术，512 指代数，依此类推。

除此之外，杜威十进制码中还有最后两位小数，表示书的类型：

01 哲学导论

02 概述

03 词典

04 论文

05 期刊

06 学报

07 研究或教学

08 馆藏

09 历史

如果你所在的图书馆不采用杜威系统，它可能依据国会图书分类系统进行管理，该系统采用字母来表示主要类别：

A 总类（百科全书和其他参考）

B 哲学、心理学、宗教

C 历史学：相关科学（考古学、系谱学等）

D 历史总论（非美洲）

E 美洲历史（总论）

F 美洲历史（地域）

G 地理学/人类学

H 社会科学（社会学、商业、经济学）

J 政治学

K 法律

L　教育

M　音乐

N　美术（艺术和建筑）

P　语言学 / 文学

Q　科学

R　医学

S　农业

T　科技

U　军事

V　海军学

Z　目录学 / 图书馆学

网上调研

虽然挂在大多数研究型网站上的许多“基本”信息几乎未做过变更，但肯定不是所有的网站都是如此。就像你在不同的日期（或者不同的搜索引擎）搜索相同的关键字可能得出完全不同的结果一样，你会发现你需要的资料在下一次查询时已被删除。因此，如果你发现有些内容非常不错，就应该立刻将它下载下来，保存到硬盘中或者打印出来。

许多书籍在出版之前，当然也在当地图书馆订购、编目、上架之前（或者在购买其电子版本之前），其信息已经挂在了亚马逊和其他网上书店上。现在有许多这样的网站，你可以通过搜索书名得到数页结果，浏览书的目录和摘要，甚至 50 页的文字内容或者其他信息。这会有利于你了解该书或者其中的某一部分是否与你的主题相关。

亚马逊特别提供了“购买此商品的顾客也同时购买了”的功能，不失为一个查找相关资料的好办法。

另外，无论你要在什么样的网站上查找信息，请记住：

- 有些网站注重研究，信息翔实，且分类明确，值得信赖；而有些网站则带有欺骗性，且信息量不足。因此，不要认为网上搜索到的信息就是真实可信的。
- 有些网站提供的信息很公正，不带有任何隐秘动机；但有些网站的信息则含有明显倾向，向你推销他们的产品，吸引你买东西。
- 有些网站是免费的；有些只收取少量费用；有些则需要你支付相当数量的金额。务必在使用网站之前，弄清楚其收费细则。

弗里论文写作系统

现在让我们来了解一下打造一篇优秀论文、报告、陈述或演讲的所有必要步骤，根据实际情况可能略有变动：

1. 研究具有论文可能性的主题
2. 确定主题
3. 开始初步调研
4. 创建大纲
5. 进行详细的调研

6. 制定详细的大纲（依靠笔记卡上的资料）

7. 撰写初稿

8. 进一步的调研（如有必要）

9. 撰写第二稿（并作修正）

10. 列出最终的参考书目

11. 检查拼写和语法

12. 他人校对

13. 完成终稿

14. 最后一次校对

15. 上交论文，拿到 A+

通过将所有项目细分成一系列易于控制的阶段性任务或步骤，你会即刻察觉到，对于经过分解后的项目，你不再毫无思绪、紧张和惧怕。

建立写作进度表

要切实有效地完成所有这些任务，需要详细的时间安排和计划。你可能还有其他的作业——或其他论文——因此需要在有限的时间内完成。

拿出你的日历，标出截止日期。你在调研上应花费一半至四分之三的时间，其余时间用在论文撰写上。

粗略画出每周固定用来处理论文的时间段。尽量安排大段时间，如果可能的话，至少两三个小时。否则，你会花很多时间去回忆上次停止的地方，重复不必要的步骤。

在制定进度表时，为论文每个步骤的完成时间设定最后期限。计划留出参考资料或摘抄笔记的来源（可能你的老师要求更多出处，或者论文主题需要更多来源）。撰写终稿之前，你的论文至少要经过两至三次修改。

定期查看进度，如果发现进度落后，适时调整步调。

第 1 和第 2 步：调研并确定主题

有些情况下，你的老师会指定论文主题。在其他情况下，老师会给出一个研究范围，你可以自由选择一个具体的主题。

有些陷阱你应该避免。比方说，政治课程需要写一份 12 页的论文，于是你定下论文主题："美国历史上残疾人相关的法律。"你真的能在这十几页内完完全全覆盖这么广泛的一个主题吗？你不能。

相反的，你需要把重点放在这样一个广泛主题下某个特定有限的方面，例如，"美国残疾人法案的通过。"在你完成初步调研之后，再去裁定主题是否过于广泛，如果是，你需要进一步缩小范围。这一方法可能对初高中论文奏效。

但如果选择一个过于狭窄的论文主题，你可能到第二页便无话可说了。"美国残疾人法案查普曼修订版"这个主题大概可以写出三或四页的文章，但是你不能为了满足 10 页或 15 页的要求，就采用 14 磅的字体并留出特别大的空白。

确保你已经有了足够的关于论文主题研究资料，并且这些资料的来源多样，这样你才能对论文主题有一个全面的理解（不要因为缺少资料就借他人观点充当自己的观点）。不要选择太过晦涩的主题，因为那样你可能一点儿资料都找不到。

综合考虑上述内容，你现在需要做的是开动脑筋，想想有哪些能撰写成论文的主题。不要因为已经有了初步的主意就感到满足，你还需想一想其他的可能性，最好是能有三四个备选主题。

试试通过一次调研完成两份或多份课程论文。虽然一篇论文不能应付两门课程，但是通过做些额外调研——不像完全不同的论文所需的调研工作量——你可以将第一篇论文中的很大一部分内容用在第二篇，这样你便可以最大限度地增加你的调研时间。

第 3 步：开始初步调研

你是不是已经有了可供选择的论文主题列表呢？如果是，接下来就去图书馆吧，你需要进一步地调研。浏览所在图书馆中的卡式目录索引和期刊文献读者指南，或者其他出版物索引，了解有多少书籍和文章与你列表中的诸多主题相关。然后再浏览每个主题简短的背景文章或百科全书条目。

或者，你可以花一些时间上网调研，搜索关键词，看有没有专门针对你所调研主题的网站。如果经过前期调研，主题筛选过滤之后，还剩下两个或两个以上的主题，挑选一个你最感兴趣的。

确定临时论点

在你为论文选好主题之后，你必须要确定一个临时的论点（论点即假设，指你试图在你的论文中证明或者反驳的核心内容）。

请注意，我提到的是临时论点不是你的最终论点。因为你还未完成所有的调研，只能提出一个“最佳猜测”的论点。

那应该如何找到临时论点呢？你可以问自己下述问题：

- 我的主题有什么特别之处吗？
- 我的主题与以前发生的某些事件有关吗？
- 我的主题对社会有何种影响？
- 我希望他人从我的论文中了解些什么？
- 关于论文主题，我还有哪些问题？

在初步调研阶段，你可能会发现临时论点行不通，你不得不修改它，甚至建立一个完全相反的论点！事实上，在你调研期间，你可能需要将论点修改数次。

第 4 步：拟定纲要

在你确定了临时论点之后，想一想你要如何展开论文，探讨你的主题。记下你打算探讨的问题，然后制定出一份简要的临时论文纲要，标明你将要探讨的问题顺序。

第 5 步：详细调研

现在，让我们谈谈要如何记录你为论文收集的所有资源和信息。

该过程需要两个步骤。首先，你需要为每一个你想要回顾或重新浏览的资料来源创建一个参考文献卡。然后，将参考文献卡上的所有信息转移到另一张列表上，即你的参考书目列表。遵循这两个步骤，你的研究会更有组织性，更有效率，同时也会简化你最后整理参考书目的工作。

要建立你的参考书目，你需要多张 3 × 5cm 规格的索引卡片。你做论文笔记时同样需要，所以要提前多买些，大约 300 张就可以了。在装索引卡的小盒子上写下你的姓名、地址和电话号码，如果不幸丢失，有些热心的陌生人可能会归还给你（但愿如此）。

接下来，当你找到含有相关信息的书籍、文章、网站或者其他资源，你就可以拿出一张空白的笔记卡，在卡片正面写下以下信息：

右上角：如果有图书编码或者完整的 URL（统一资源定位符），则在卡片右上角写下该图书编码（杜威十进制或国会图书分类码），以便于你在图书馆书架上准确找到资料。对于网站资源，确保写下的网址完整无误。

中间部位：写下作者的姓名（如果有）和文章标题，然后还有书籍、杂志、新闻或者其他出版刊物的名称。

如果你之后还要查找某一本书或某一篇文章，那在此处你可以添加任何你需要的内容，如出版日期、版次、卷数和发行号，以及文章或信息出现的具体页码。

左上角：卡片编号。第一张卡片上标 #1，第二张 #2，依次类推。

你所查找信息的每一处来源都要这样记录，并且一张卡片只能写一处来源。在卡片上留出些空白，以供以后添加更多的信息。

书籍类参考文献样本卡

Main Reading Room：主阅览室
Spechler, Jay W.：斯贝克勒尔，杰伊
Reasonable Accommodation: Profitable Compliance with the Americans with Disabilities Act
《合理调整：从遵循〈美国残疾人法案〉中获利》
(see esp.pp.54-61)（参阅第 54-61 页）
Computer Card Catalog 电脑卡片目录
College Library 大学图书馆

杂志文章类参考文献样本卡

Smolowe，Jill 史莫洛威，吉尔
"Noble Aims, Mixed Results""崇高的目标，多样的结果"
Time 时代周刊
(July 31, 2003; pp.54-55)（2003 年 7 月 31 日；第 54-55 页）

新闻文章类参考文献样本卡

Wade, Betsy 韦德，贝琪
"Disabled Access to Inns at Issue""残疾人入住旅馆争议纷纷"
The New York Times 纽约时报
(April 14, 2004, section 5, page 4)（2004 年 4 月 14 日，第 5 版，第 4 页）

引用出版及网络信息

想要了解引用所有信息来源的规则，请参考美国现代语言学会（MLA）或者美国心理学协会（APA）格式手册。MLA 研究论文写作手册（适用于高中生和本科学生）现已发行第七版（2009 年）。第三版 MLA 格式指南及学术出版准则（适用于研究生、学者和职业作家）已于 2008 年出版。当前第六版 APA 格式手册（2009 年）和 APA 电子参考文献格式指南（2012 年）也为常用格式类工具书。

你的老师可能已经告诉你他倾向于使用哪一种格式。芝加哥格式手册现已修订到第 16 版（2010 年），你也可以用来参考。

开始做笔记

完成参考文献卡之后，先将它们放在一边。取一些空白的索引卡，开始依照各个参考来源做笔记。你的笔记内容应包括：

- 一般背景信息（名称、日期、历史数据）
- 统计数据的研究
- 专家话语的引用
- 术语定义

同时，你的笔记需遵循以下原则：

- 每张卡片只写一个想法、观点、引言或者事实。如果碰到一句很长的引言或者一长串数据，必要时卡片正反两面都可以写，但切记一张卡片只能记一条笔记。

• 用自己的话写。用自己的话总结某一段或者某一部分内容的要点，或者重新叙述某一材料内容。尽量避免逐字复制。

• 将逐字复制的内容用引号引起来。在你的论文中引用一句或者一段他人撰写的内容用以强调某一观点是完全可以的（假设你的引用内容有限），但是你必须原封不动地复制，与原文保持完全一致。此外，你必须使用引号将这些言论引起来，并标注作者。

为笔记卡补充详细信息

在你写好所有笔记卡之后，还需完成以下内容：

• 在卡片左上角，写下与参考文献卡（左上角）相对应的资源编号，这会提醒你获得信息的来源。

• 在资源编号下方，写下信息出现的页码。

• 拿出你的初步论文纲要。哪一张卡片上的信息与纲要中的哪一个标题相匹配，在右上角粗略记下标题当中的几个字或者标题的序号。

如果不确定卡片上的信息是否与纲要相匹配，你可以在卡片右上角画一个星号（*）。随后等你制定了更为详细的大纲，你可以再试着把这些“混杂的”笔记与特定的大纲相匹配。

• 紧挨着（或者下方）你记下的代表标题的内容，用几个字写下简短的“内容提要”，来描述卡片上的信息。

● 依照参考文献卡上各个信息来源做完笔记之后，你需要在参考文献卡上画上核对标记。有这一标记的卡片，说明至少目前为止相应的笔记已完成。

● 确保你笔记卡上所写信息与原始资料完全一致。仔细检查卡上的名称、日期和其他信息。与参考文献卡一样，是否将各个要素全部都写在我指定的位置并不重要，重要的是你需要保证这些卡片连贯一致，始终以相同的方式把页码（资料编号、标题内容、内容提要）写在一处。

添加个人批注

在整个笔记过程中，你也许会想要一些“个人的”笔记卡，记录你对论文主题或论点的观点、想法或者印象。

与刚刚提到的文献卡和笔记卡一样，一张卡片只记录一种想法。各个卡片上都要写上大标题和小标题。在你平常写资料编号的地方，写下你自己能够理解的缩写或者其他符号，用来提醒你信息或者想法的来源。

恭喜你。假设你已经发现了各种各样的相关资料，从中提取信息并写下了几十张（或几百张）笔记卡，那么，你可以移步到下一个阶段了。

HOW TO STUDY

第八章

撰写优秀论文

如绘画和音乐一般，写作也讲究透视法和光影美学。
如果你对这些的理解与生俱来，那再好不过。
如果不是，那就调整规则，使其适应自己。
——杜鲁门·卡波特

你的调研已经完成。

这意味着，即使初稿还未（正式）写下一字半句，你的论文就已经完成了至少一半，甚至四分之三。

第 6 步：制订详细纲要

之前制作的笔记卡在这时候可以派上用场了，它可是组织论文的强大工具。拿出所有的笔记卡，然后完成下列内容：

- 将纲要标题内容或者编号（卡片右上角）相同的卡片组合在一起。
- 根据临时纲要，将以上卡片按顺序归入不同的组。
- 进一步整理每一个主题组内的卡片，将其上标题（右上角处几个字的标题）相同的卡片组合在一起。
- 浏览“混杂”笔记卡和个人笔记卡，即标有星号或者其他符号的卡片。你能将其中的卡片与现有的主题组相匹配吗？如果可以，将星号替换成标题内容，如果依然无法确定，将这些卡片放在你那厚厚一叠卡片的最下面。

花几分钟时间通读笔记卡，这就是你论文的粗略框架，这些信息将会按照你（临时）计划的顺序呈现在你的论文之中。

下面是其他一些不同的论文组织方法，以供参考：

- 时间顺序，即按照事件发生的时间进行讨论。
- 空间顺序，即按照地理或物理顺序（从南到北、从上到下、从左到右等等）呈现信息。
- 数字编号/字母顺序，这是标题如“五大肥胖原因”或“我的三个英雄”的论文的最佳组织方式。
- 主要步骤，适用于逻辑上可明显划分为数个部分的主题，例如如何制作书架和整修屋顶……
- 问题/解决方案（亦称原因/结果），即提出一系列问题和可能的解决方案，讨论某事发生的原因，或者预测一个特殊原因造成的后果。反之，结果/原因，就是讨论一种情况、一个问题或者一种后果，然后再回归其产生原因。
- 比较/对比，即讨论人之间、事物之间或是事件之间的相似之处或不同之处。在讨论某一方法、试验、手段、途径等的优点和缺点上，此组织方式也可适用。
- 按重要性排序，即最先讨论问题最重要的方面，进而重要程度逐渐降低，反过来亦然。（这一组织方式可稍作变化，即以从已知到未知的顺序组织你的论文。）
- 赞成/反对，即赞成和反对某个立场、问题、决定、方法等等。

前四种排序方式相对“自然”，其组织形式一般以论文主题为依照。其他排序方式则具有逻辑性，由论文作者自己来选择和应用论文行文顺序。

根据你的论文主题和论点，你可以确定出最适合、最容易写的论文组织形式。请记住，你可以两种方法混合使用，例如，你以时间顺序介绍所发生事件，接着再以先果后因的顺序进行分析。

如果你想要更改论文纲要的顺序，只需重新排列你的笔记卡，使其与纲要的新顺序相一致。然后浏览整理在一起标注着相同的主题字词或者序号的卡片，再按照你所选定的论文组织顺序对它们进行重新排序。

在你对所有标注特定主题标题（A、B、C 或者 I、II、III）的卡片整理排序之后，检查标有星号或者你自己熟知的其他符号的卡片，再一次试着与新的大纲内容进行匹配。

不要将卡片归入一个完全没有联系的部分。如果卡片内容放在任何地方似乎都不太合适，这说明卡片上的信息可能与你修改后的论点联系不紧密。先把这类卡片放在一边，稍后你可以再去尝试看能不能找到联系。

不要忘记去查找论文中的“漏洞”，即极其需要更多最新数据事实的部分，不要让一个“漏洞”将原本可能很优秀的论文变成了一篇内容平平的论文，仅仅因为你不想再多花一个小时进行调研。

第 7 步：撰写初稿

良好的写作需要专注力和思考力，而要做到专注和思考则需要绝对的安静！你的桌面上需要有足够的空间，让你可以将诸多笔记卡摊在面前，手边还应该放有一本字典和辞典。如有可能，直接使用电脑敲写论文，这样你只消鼠标一点，就可以对你的论文内容进行增加、删除和重新排列。

请记住：在这个阶段，我特别强调一个词——“粗略”。你的目标就是写出一份草稿，不一定要非常完美，但需要反复进行修改。

你的想法、观念和逻辑是你论文的基础，与语法、拼写、标点等关系不大。在考虑为房屋安装房门之前，你需要先将地基夯实。因此，现阶段你需要集中精力，理清思绪。不要担心用词是否恰当，或者标点符号是否正确，随后我们会进行润色检查。

你的笔记卡帮助你建立了一个详细的纲要。现在，它们还会帮助你划分出论文的段落和句子：

- 将笔记卡按照你的论文纲要顺序排列。拿出那些标有关于提纲中第一个议题的字词或者序号的卡片。
- 从你那一摞卡片中拿出其上“小标题”与纲要副标题相同的卡片。
- 阅读这些卡片上的信息，想想如何将这些信息在一个段落中串联起来。
- 再将这些挑拣出来的卡片按照一定顺序排列，该顺序就是你确定的段落内部的最佳组织顺序。

论文中的每个段落就像一篇小文章，它应该包含主旨句以及可以支持主旨句的论据。言旨句即你将在该段落讨论的某个要点或事实的陈述，论据可以不同的形式表现出来，例如，引用专家语录、研究数据、自身研究或经历中出现的案例、详细的描述或者其他背景资料。

将段落像砖块一样堆叠起来砌成你的“论据之墙”。精心构造每一个段落，这样你的读者便会毫无条件地赞同你最终的结论。如果段落是砖块，过渡——带领读者从一种想法转到另一种想法——则就是涂抹在砖块之间，使其相连的灰浆。平顺的过渡可以让读者毫不费神地从一种想法切换到另一种想法上。

每当你用完一张笔记卡片，在卡片最下方打钩，然后将卡片放在一边。

如果你决定不将某一张卡片上的信息写入论文之中，先不要扔掉这张卡片，把它放在单独的一摞中。或许你会将它用在论文中的其他部分，或者在你通读完初稿之后又改变心意，决定按照原计划将该卡片上的信息写入论文之中。

如果论文卡住了

你是否会觉得文思枯竭？这里有一些技巧帮你突破。

● 设想你在给好朋友写信。信中只需告诉他或她关于某一论题你所了解到的内容，以及你认为你的论点正确的原因。

● 使用日常用语。许多人过分使用花哨的字词和语句，反而忘记了他们的写作目的是为了沟通。所以文字越简单越好。

● 先写下来。一旦你已经写下了第一句，即便这个段落问题多多，你的大脑也会开始运作，自发地涌出许多想法。

● 保持撰写，不要停止。如果你在某一部分卡住了，不要几个小时甚至很长时间干坐在那儿。迅速地记下笔记，说明你想要在该部分谈及的内容，然后继续进行下一个部分。尽可能少停顿，尝试着一口气写完你的论文。

● 尝试自由写作和头脑风暴。设置一个较短的时限（可以是 10 分钟或 15 分钟），总结你的主题，并以短语或句子的形式写下来，让你的思想保持流动，直至时限来到之前不要编辑或审查你所写的内容。试着问自己有关论文主题的问题，不论问题多么奇怪，它都可以帮助你产生新的想法。

记录你的资料来源

为了避免抄袭，在将以下任何内容写入论文之中时，你必须将你的资料来源记录下来：

- 从已出版来源中摘取的引文
- 他人的理论或观点
- 他人的语录或者特殊表达
- 他人编写的事实、数据和研究资料
- 他人设计的图表、图片和图形

如果某些事实、理论或者表达人人皆知，或者某些语句或表达的作者信息不明，你则不需要记录其来源。

要判断一句话是否需要记录其来源，你需要问自己，读者是否认为这些信息或观点是由你提出的。如果得到的结论是否定的，你就需要记录其来源，如果你也持怀疑态度，那最好还是将信息来源记录下来。

一直以来，引用来源的首选方法是做脚注。此外，还有尾注和括号注释，这些方法现在同样适用。

脚注为一种信息来源注释，出现在文本页面底部。在某一句叙述或对某一事实叙述之后添加一个上标数字，以此来告诉读者注意页面底部有关信息来源的注释。

脚注里应该涉及与其在参考书目清单中相同的内容，以及信息出现的具体页码。

对于论文中的每一个脚注标记，一定要保证页面底部、文本中括号内或者在论文的结尾处有相应的注释。以参考书目清单举例，不同的组织对设置脚注有不同的规则，你需要询问老师你的论文需遵循的规则。

第 8 步：做额外的调研

在你拼凑初稿期间，是否发现你的调研存在缺漏？是否发现有些问题需要更多信息来解答？那么，现在是时候找你需要的其他信息了。

第 9 步：撰写第二稿

这一阶段的目标就是编辑论文，使行文变得更加流畅，更好地组织你的想法，澄清容易引起困惑的内容，以及加强薄弱的论据。

当你修改初稿时，问问自己以下几个问题：

- 你的想法是否是按照一定的逻辑顺序呈现在论文之中？
- 每一句话以及每一个段落的意思是否清晰明了？
- 每一句话是否都说明了一个观点，或者证明了一个论点？

- 段落之间是否实现了平顺过渡?
- 你的结论是否有确凿的证据——如，研究资料、例证和数据?
- 你的论文中证据是否多样——包括专家语录引用、科学数据、个人经历和历史案例等内容?
- 你的引言和结论是否完整可靠?
- 你是否有自己的写作风格，而不单单是将一些词句和他人的语录拼凑在一起?
- 你是否彻底地解释了自己的论文主题，还是假定读者对于你的主题比实际上知道的要多?（请记住：你现在对主题很熟悉，但是不能因为于你而言事情很明显，就认为读者会知道你所讲的内容。）
- 你是否说服读者认为你的论点是有效可行的?
- 你的论文中是否存在一些正确且内容翔实的信息，而这些信息其实与论文主题不相干? 那你应该删掉它!
- 你是否保持着一致的主语（即通篇使用第一、第二还是第三人称）?
- 你论文的最后一段是否成功地总结了整篇论文，并有效地结束了你的论点?

使用彩色铅笔、钢笔或者在电脑上标出任何存在问题的点，并开始进行改写——

重新撰写开头和结尾段落：开篇段是一篇论文最重要的部分。它说明了你要讨论的内容和你的立场（选择赞成或反对某论点的原因），并介绍了论文其他部分。如果它写得引人入胜，毫无疑问你的老师会继续浏览之后的内容，并且因你可靠的文章组织而给你加分。如果它写得马马虎虎，那么不论下文如何，你的老师都会先入为主地认为你接下来所讨论的内容也不怎么样，并据此给你打分（同时也不会花太多时间看其后的内容）。

将开篇段和结尾段想成三明治两边的面包，而夹在中间的生菜、西红柿和泡菜则是你的诸多信息。也许夹在中间的内容是最主要的，但是没有两边的面包，它甚至不能称之为三明治。

这里有一些方法，可以为你的论文开篇段增加一点儿趣味：

- 讲述一些吸引他人注意力的事情，但是千万不要以一个笑话作为开头，这笑话迟早会落在你身上。大部分老师在批改论文时都没有幽默感（假设老师在批改之前有）。
- 提出一些具有争议性的事情。
- 对某一场景进行描述。
- 重新对某一件事情进行创造。
- 引用强有力的语录。
- 提出一个发人深省的问题。

全面检查：完成修改之后，打印或在电脑中输入一份干净的论文，再次全面检查整篇论文，以求准确无误：

- 论文中的名称、术语以及地点拼写是否正确？
- 如果你引用了日期和数据，其中的数字是否正确？

● 每一项非你自己的事实、表达或想法是否都有来源注释（或者初步源注释）？

● 信息引用来源是否书写准确，即一字一句照搬，标点符号也没有更改，且用引号将引用内容引起来？

不断改写：现在仔细阅读你的语句和段落，抓住每一次机会，简练表达同一个观点，尽量让它们更加通顺、紧凑以及更容易理解：

● 使用行为动词和主动语态："经过圈养的猩猩可以存活 30 年以上"要比"30 岁以上的猩猩可能是经过圈养的"好一些。

● 你是否过度使用陈词滥调或俚语？尤其是在学术类写作中陈词滥调或俚语尽量不要使用。也不要使用一些虽然经典但却老掉牙的词语，确保你的论文整洁清晰。

● 你是否过度使用某一特定的词语？经常使用同一个词语会让你的文章枯燥单调。查阅辞典找找有没有其他可以替换的词语。翻阅辞典查找与最初选用词语意义相近却相对好一些的同义词。但是切不可过分使用，如果你的措辞晦涩，那普通读者就无法知晓它的含义。

● 论文词句朗读起来如何？当你大声朗读你的论文时，是像在演奏一首节奏起伏的音乐，还是像一首葬礼哀乐一样沉重没有起伏？

● 变换语句及段落的长短，让你的文章更加精彩。混合使用简单的短句和复杂句（一句独立分句和一句或多句从属句）以及插入句（包含两个句子，使用关系代词而非连词）。

第 10 步：准备最后的参考书目

在论文最后另起一页或多页附上你的参考书目：

- 在距页面顶部一英寸处，将标题“参考文献”或者“参考书目”居中，名称的选择取决于你想要采用的参考文献类型。
- 论文其他部分也采用同一个页边距，均为一英寸（25.4 毫米）。
- 把你的参考书目页当作论文文本的延续，并按顺序标上页码，切勿重编页码。
- 按照作者姓氏拼音字母顺序排列各个来源。如果没有作者，则依照书目标题的第一个字（对于英文书籍，如果第一个单词为“A”“An”或者“The”，则选择标题第二个单词首字母）来进行排序。
- 每一本参考书目的第一行应保持左对齐，其他行均向右缩进五个空格。
- 所有条目均设置双倍行距，各条目之间也为双倍行距。
- 对于英文参考书目而言，除了五月（May）、六月（June）和七月（July）之外，其他月份均需要缩写。

第 11 步：检查拼写和语法

上文已经讲过论文中最重要的因素是你的想法。的确是这样。但是语法和拼写上明显的错误也会让你的老师认为你很粗心或者无知，这些都无疑会影响你的最终成绩。

因此，拿出你的字典和语法参考书，通篇逐句对你的论文仔细检查，用彩笔或铅笔更正。你需要查找：

● 错别字。电脑中的拼写检查程序可能无法检查出同音、近音词，例如，“Their”误写成“There”，或者“那里”误写成“哪里”。

● 错误的标点符号。详细阅读逗号、引号、句号以及其他标点符号的位置规则，保证你论文通篇都遵循了这些规则。

● 错误的句子结构。搜寻结构不完整或者语法上行不通的句子，重点查看垂悬分词、分离不定式、介词短语以及其他语法上行不通的句子。

这里有一些可以用到的小技巧：大声朗读你的论文。这样做的效果惊人，你很容易就发现不恰当的词语、存在的语法问题，甚至连一两个错别字你都能眼尖地找到。或者你可以选择从后向前阅读你的论文，这种方法会迫使你把重点放在每个字词上，你会很容易发现错别字。

第 12 步：请他人校对

重新打印你的论文，更改你在上一阶段已经标出需要修正的内容，然后请其他人帮你校对，这个人需要擅长校对，可以是父母、亲戚或者朋友。

第 13、14 和 15 步：完成终稿

整理你或者你的校对人所发现的任何变更或者错误。键入或者打印终稿，然后再次认认真真地校对一遍。

将你的论文放在一个新的文件夹或活页夹里。然后记得按时提交！

口头报告

撰写书面报告和作口头报告存在一些关键的不同点，特别是你不想在全班同学面前犯“朗读报告”这种错误时。

如果你被老师点名在全班同学面前做口头报告，该报告可能会涉及以下类型之一：

- 阐述：对某些事实进行直观地说明解释。
- 辩论：试图改变至少一部分听众的观点。
- 描述：向你的听众展示一幅视觉画面。
- 叙述：讲故事。

学校中常见的口头报告形式为阐述和辩论。你会发现，你调研和组织这些类型的演讲方式与你撰写学期论文的方式大同小异。

你会为你的报告收集信息，并像写学期论文那样在索引卡上做笔记，记住这一点：为了提高你的效率，在讲故事的时候你必须使用不同的技巧：

- 不要让你的主题过于宽泛。15 分钟一般为口头报告常用时长，相比于试着在 15 分钟之内展示关于“托马斯·爱迪生”或者“美国内战”主题的演讲，像“托马斯·爱迪生的三大发明”或者“葛底斯堡演说对南方军队士气的影响”这样的主题更容易掌握。缩小范围会帮助你更加有效地调研和组织演讲。

● 不要过度使用数据。虽然它们可以给予演讲更大的可信度，但是使用过多会减少其他内容的比重，听众亦会感到无趣。

● 奇闻轶事会为你的讲话增添色彩，注入生机。不过使用起来还是要有节制，因为这些奇闻轶事会放慢你的演讲节奏。在听众还未打呵欠之前要先给出你精妙的台词。

● 谨慎使用引述。与学期论文不同，演讲需要你把自己当作权威，不惧怕被指控抄袭。因此，你可以展示很多事实，不用提及其出处来源。（但是你最好了解事实来源，以防被提问。）

我发现，在全班同学面前翻一大堆的论文比较困难，而笔记卡刚好手能握住，更便于使用。与那种逐字逐句都有提示的卡片相比，这些简明扼要的笔记卡则可以发挥“触发器”的作用。笔记越短小——练习次数越多，你对每一张笔记提示的正确信息就越熟悉——进而你的口头报告就越有效。（此外，你越少看笔记卡，与同学和老师之间的眼神交流就越容易。）

以下四种其他的方法亦可以让口头报告更加有效：

● 走上讲台前深呼吸。如果你发现你想不起要讲的内容或者信心下滑，再进行一次或两次深呼吸。

● 在内心选择一个人交谈，最好是你的朋友，动画人物或任何你感兴趣的人物皆可，然后想象自己直接在他或她面前发表谈话。

● 练习、练习、再练习。勤加练习你的表达。你越了解你的材料，你紧张的程度就会越低，你的讲述就会越自然。

● 如果你会无意识地发抖，大脑中仅有的想法是你在一屋子的人面前站着，那么确保旁边有讲台、课桌或者其他你可以依靠的东西。

如果以上每一个方法都未能缓解你的紧张，考虑学习公共演讲课程（戴尔·卡耐基等），参加演讲俱乐部或者寻找类似的课外帮助。

HOW TO STUDY

第九章

考得高分

考试将不可避免地成为你整个学习生涯——乃至余生——绕不过的坎，可能某些时刻会令你紧张和沮丧。你越快学会拿高分的技巧，你的学习生活就越自在。

一、保持良好的心态

他们想知道些什么?

大多考试都是检验你学习能力的一种方式，即你是否可以整理堆积如山的材料并掌握这些知识。对那些意在检验你多年所学知识以及掌握程度的考试尤为如此，例如 SAT、GRE、律师资格考试、医学考试、护士考试、注册会计师、理财师考试等。这便意味着你学习得越好，这些考试的分数就会越高。

在你决定如何准备某项考试之前，你必须先知道这门考试究竟考些什么。期中或期末考试的考前准备与周测准备的方法完全不同。有时，你唯一能做的，就是用心苦攻。

你在怕什么？

考试简直就是可怕的生物。所以在我介绍应试技巧之前，我们先解决许多人都将面临的关键问题：考试焦虑。其特点是手心出汗、大脑空白，并且有逃离考场的冲动。

有人宣称他考得不好，这代表什么意思？有可能说明他没有好好学习（至少他没有准备好）；也有可能说明他很容易分心，对他要面临的考试类型没有准备；还有可能仅仅是心理上没有做好考试准备。

让我们面对现实吧：有些考试成绩确实重要，可能会影响你上哪所大学、能否考上研究院，或者能否得到心仪的工作，但是不论它们对你的人生有多重要，你一定要淡化它们在你心中的重要性。正确看待整个经历也可能有帮助：20 年之后，尽管你觉得是某项考试造就了如今的生活，但没有人会记得或者关注你在考试中拿到了多少分数。

当然，还有个更简便的方法让你感觉不到考试（当然是非常大型或重要的考试）的压力——转移注意力，但是可别忘了复习。

有些人沉浸在自己的痛苦中无法自拔，如果你表现得云淡风轻，他们还会嫉妒，这些人想要让你对他们的低沉沮丧感同身受。所以，要当心那些考试前夜打电话给你，惊呼“我刚刚才发现我们应该掌握第 12 章！”的朋友，不要陷入他们的圈套。你要冷静地提醒他们，教授两个星期前在分发的打印信息中明确表示，考试范围是第 6 章至第 11 章。然后挂断电话，继续干自己的事情，让他们考垫底的分数、捶胸顿足去吧。

如何降低你的焦虑

要了解考试的重要性，阅读下列问题，能解答的问题越多，你的焦虑就越少。

- 考试范围是什么？
- 总分是多少？
- 此次考试占学期成绩的比重是多少？
- 考试时长是多久？
- 考试地点在哪里？
- 试卷上会有哪些类型的问题（配对、单项选择、作文、判断正误等等）？
- 每种题型各有多少题？
- 每题分值多少？
- 是否有某些题型分值高过其他题型？
- 是否为开卷考试？
- 我能携带什么？计算器？糖果？还是其他对我考试顺利至关重要的东西？
- 回答错误会扣分吗？

如何在考试中集中精力？

你已经发现学习时劳逸结合能使你更容易专注于书本，从而更能够集中精力、更快完成任务。考试时短暂休息也有同样的效果。不要去担心时间限制或者压力，当你确信自己有短短的时间可以休息一下，那便休息。

如果你把事件、人物、名称和日期记混了，最简单的放松方法就是深呼吸。靠在椅背上，放松你的肌肉，深呼吸三次（每次数到 10）。

还有各种各样的冥想技巧对你同样适用。每一种都基于类似的原理：大脑只专注一件事情，并排除掉其他事情。当你专注冥想时（即使你冥想的对象是一个毫无意义的词或者墙壁上的斑点），你的大脑无法再去思考其他事情，这样会让你的大脑放松缓和一点儿。

下次如果你在考试过程中无法集中精神，试着休息一下，深呼吸三次，然后一两分钟之内只想某一个词语。当你完成冥想之后，你的状态会明显放松，更容易应付接下来的试题。

二、为拿高分做准备

有一些准备方法适用于所有考试，包括周测、SAT 以及其他类型的考试。

未雨绸缪

我承认，当我还是个学生的时候，每逢周末我就没法集中注意力。如果有人 10 月份告诉我，12 月第一个星期会有一场重大考试，那么到 11 月 30 日左右我才会想起来。这样的习惯会造成你常常临时抱佛脚、夹带小纸条抄袭，甚至成绩不及格。

要避免所有这些不好的习惯，关键是要定期有规律地复习。每天花费30分钟回顾前六天所学以应对即将来临的考试，要比你考前一夜花三个小时临阵磨枪好得多。你复习得越频繁，就越不会在考前一周成为夜猫子。将你在复习期间产生的问题记下来并提问，浏览随堂和课本笔记以确保你已经了解了所有知识。这样，你最后的复习会相对比较轻松且有条理，而不是着急和混乱。

千万别错过考试！

考试考得不佳令人挫败，做了准备仍然考得不好更令人沮丧，但错过了考试则完完全全是毁灭性的。明确考试的时间和地点，并预留充足的时间准备非常必要。

如果你还在读高中，参加一场考试没有那么难，考试时间可能就是平常的上课时间，考试地点也可能是平时上课的教室。但是在高校，考试时间一般与正常上课时间不一样，并且地点也完全不同。

同样，对于一些主要的校外考试，如SAT和ACT，它们可能不会在你所在的学校举行。这种情况下，你要确保有足够的时间开车或者坐车前往考试地点，尤其是你不太清楚如何去那里！

只要你知道了任何重大考试的时间和地点，就立马将其记录在日历中。不论是在高中、大学或研究生院，大多数学校会预留一两个或者更多的星期来安排期末考试。这一考试阶段通常会在校历中有标明，并在课堂上宣布（通常在第一节课），包含在教学大纲之中。

让选修作业变成必修作业

有时候，除了平常的阅读和其他作业，老师还会在课程一开始布置一些选读任务。这些书籍、文章、专著可能永远不会在课上讨论，但是其中的信息可能会包含在考试中，尤其是期末考试。

你可以在考试之前阅读部分或全部内容，不过一定要确保有时间找齐它们，因为如果时间拖得过长，你很可能找不到需要的信息。

有参照地收拾考试物品

最后，带上所有考试需要的材料，包括钢笔、铅笔、计算器等，如果允许的话，还应带上草稿纸。我还建议，对于时间较长的考试，如 SAT、ACT 或者许多期末考试，带一些巧克力棒、硬糖果、燕麦棒或者其他能够快速补充能量的零食，当你需要通过扇自己一耳光来保持清醒的时候，这些零食便能唤醒你。

如果你之前没有听讲

复习、复习、再复习。如果你没有按照我的建议定期进行复习的话，在考前预留一两个星期来复习和学习吧，尤其是期中和期末考试。大多数大学——还有很多高中——会提供给学生一段阅读或者学习的时间，通常是期中或者期末考前一周，这时学校一般不安排课程，而且图书馆开放时间延长。好好利用这段时间。

有些老师在重大考试之前会为学生上一堂复习课。参加这类课程，认真听老师强调的重点，这会帮助你进一步确定必考内容。

你需要复习的内容越多，你的计划表安排清晰就越重要。所以一定要确保学期末其他所有工作，尤其是主要的项目和论文，都已经完成。

无论你安排两个星期进行全面复习，还是因为你已经定期复习过大部分课程内容所以只安排两三天进行回顾，你都需要在最薄弱的科目上投入更多的时间。

整理你的材料

- 收集你使用的所有课程资料：课本、练习册、讲义、笔记、作业以及之前的试卷和论文。
- 将目录与考试内容进行比较，问自己：本次考试我需要复习哪些内容？
- 选择复习资料。拿掉一堆堆书本和论文会在心理上减去负担，会让你觉得有足够的时间和精力来学习剩余的资料。
- 热点提示：制作小抄，看似你要考试作弊，其实不是。将这些小抄作为最后一刻的复习资料使用。如果你很幸运参加的是开卷考试，那么你还得感谢我，这些小抄可以派上用场了！

安排你需要的时间

在决定给某一考试安排多少准备时间时，考虑以下因素：

- **这种类型的考试通常花费我多长时间准备？**其效果如何？如果你经

常花费三个小时，考试成绩始终为D，那么你可能需要重新评估你花费的时间，或者更准确地说，浪费的时间。

- **我现在能拿到什么档次的成绩？**如果是B，且你确信拿不到A，你可以对这门考试相对投入较少的时间，把更多的时间放在你有把握拿高分的科目上。如果你的成绩是C+，考得好一点儿的话会得到B，你可以在这门科目上投入较多的时间。

- **我需要学习哪些特殊的内容？**你可以复习笔记、参与学习小组，也可以坐在语音室听几个小时的录音或者不断回顾你的薄弱环节，你需要根据实际情况制定计划。

- **控制好节奏。**看看第一个小时你需要复习多少资料，与剩下的需要学习的资料相比，这一个小时学习的效率如何？不是每一个小时的学习都富有成效，但是根据你一个小时内能够完成的量，你应该能够预测到你所需的时间。

临时抱佛脚并不起作用

我们曾经会找一个又一个的借口，拖延到最后一刻，然后试图在某个晚上或者周末突击，将一个星期或者一个月甚至整个学期所学的知识掌握。这样的方法是否适合你呢？我的答案是否定的。

现实情况是，在某一层面上，临阵磨枪对少部分学生起作用，他们能够在短时间内记住许多内容，并且至少在24个小时之内不会遗忘。那么24小时之后呢？一切也都随风而逝。

其余的人可就没那么幸运了，在不断灌入咖啡，彻夜无眠之后，如果还能记得第二天早晨的考试地点都已经很不错了。这样不仅没有学到什么，甚至还没有考好他们努力抱佛脚的科目！

要如何临阵磨枪

然而，即便你决心坚定，目标明确，并坚信临时抱佛脚其实是亏本生意，你依旧会发现自己需要在考试前一夜学习一些你未掌握的内容。如果是这样，遵循以下规则会让你临阵学习之夜取得成功：

1. 要客观地看待自己的能力。从实际出发意味着你需要冷静地评估你的情况——你绝对不可能在一个晚上就掌握整个学期所学的知识，而且你尝试填塞的信息越多，效率就会越低。

2. 要有选择性，且深入学习。所以你必须尽你所能确定肯定会出现在考卷上的主题，然后只复习这些内容。在这种情况下，知道的越精越好，而不是越宽泛越好。你可能会很幸运，挑的三个主题刚好有三篇文章涉及到。

3. 增强你的记忆。使用第四章中的每个记忆技巧，最大限度地维持你的短期记忆。

4. 知道什么时候停止。当你无法再记住名字或者集中注意力时，那就停下来去休息吧。而且考虑在清早而不是深夜里临阵复习，特别是当你是一个早晨学习效率很高的人时。我发现早睡早起要比晚睡、早上醒来疲惫不堪要有效率得多。

5. 到达考场之后，先花几分钟写下任何你记住但害怕忘记的内容。

有疑问就问

是的，有些老师会考你一些其课程中最不明显的细节，这就需要你复习每一本书、每一份笔记以及每一处涂写。但是，大多数老师更可能测试学生一些课程中的关键知识点，通常为老师认为非常重要的特定话题、问题或者事实与数据。

那你又如何知道这些知识点是哪些呢？说白了就是，你如何知道试卷上要出些什么题？

老师会给许多线索。一般而言，同一份资料你看到或听到的次数越多，它可能就越重要，也越可能出现在考卷中。

一个事实或主题不需要重复来告诉你“学习哦！”，正如你学会看老师的肢体语言、听取口头的线索来确定值得记笔记的内容一样，你也要学会确定老师通过非语言形式暗示的重要主题。老师对笔记的态度也可能会给你一些小提示。如果他或她要求你做详细的笔记，甚至希望把笔记交上去（通常发生在高中，很少会发生在大学），由此可知这些他在课堂提及的信息要比课本重要得多。所以，你要根据实际情况进行学习和复习。

你是否还留存着之前的考卷和测试题？已经发给学生的考卷，尤其是包含了许多老师的评论的，会给你指明你需要集中学习的内容。

与我们大多数人一样，老师也是习惯性的动物。不要指望同样的问题会再次出现，没有老师会那样通融学生。但是准备试题的形式、采取的题目类型、题目混搭组合（100道正误判断、50道单项选择以及一道作文题），能让你更好地了解考试会考哪些内容。

看看能否找到去年或上个学期修了某位老师的课程的其他人，他们是否可以给你一些建议、提示、暗示或警告？

有些老师喜欢一种类型的题目，如果之前的试卷、以前的学生和老师对本次考试的建议，以及你自己的经验都告诉你一定会出这种题型，那么你最好还是做一些准备吧。

不要全部都学

请记住：很少考试会覆盖全部知识点。

粗略浏览你认为不太重要因而不会出现在试卷上的材料，这会自动给你更多的时间专注于那些你确定必考的内容。

然后，为每一门考试制定一份“学习内容”表。表上列出具体需要复习的书目、要回顾的笔记以及要重温的主题、原则、思想和概念。每学习一条内容，便删除一条。这类似于将论文撰写过程切分成更小、更容易完成的步骤，其效果也一样，即尽量减少拖延，让你的学习更具有组织性，并在完成每一条内容之后给你不断“鼓励”。

自我测试

为什么不尝试自己出题考自己呢？你出的题目越难，面对真正的考试时就越有把握、越自信。

不论是为周测准备，还是为 SAT 或者律师资格考试准备，你都可以从模拟试题中获得一些有益的信息。事实上，考试时间越长、越规范，熟悉其结构、规则和陷阱就越重要。

首先，熟悉你要面临的考试类型，这会让你更有战略性地准备考试（区分优先次序）以及应对考试（系统性），也才会觉得心安与放松，这是赢得考试的关键。

熟悉也能产生系统性和组织性，让你能够专注于考试本身，而不是它的结构上。这样，你就有更多的时间答题，不必花时间弄清楚怎么考，减少考试时间限制对你的影响。

最后，同样重要的一点是，模拟考试是学习和记忆材料十分有效的方法。

三、考试开始了！

一定要早早抵达考场，根据你的偏好（第二章）选择座位。但是你还需注意，可能会有一些变化。如果一个考场内考生人数为 200 或 300 人，坐在前排有明显的优势：你可以听清考试说明以及有关问题的回答，通常情况下你答题也较他人早一些。

一定要浏览整张试卷，让自己对试卷内容有一个整体的概览。这样，你可以找出容易的部分，并了解每一部分的分值。

了解基本规则

1. 蒙答案会不会扣分？老师可能会告诉你，每一个答对一题你将获得两分，但答错一题则扣一分。这势必会影响你对不懂的题目的处理方式，是蒙个答案还是直接跳过？或者，至少需要排除多少个答案才能有最大胜算?

2. 在标准化考试中，如 SAT、ACT 或者 GRE，在前往考场之前先阅读以往考试的说明（有很多备考书中包含了真题）。待你进入考场，你只需在试题册或者电脑上阅读考试说明，确保无任何变更。这可以在任何考试中为你节省数分钟的时间——对任何一场这类的考试，几分钟都是极其宝贵的。

3. 有些考试会包含很多个部分，其中一些部分分值较小，可能只占总成绩的 10% 或者 15%。还有一些部分，通常为大作文，其分值比重会比较高，可能为总分的 30%。这样的分值比重很明显会影响你在每一部分投入的时间和精力。

写写画画助你通过考试

在整个考试中，不要错失可以这可以帮助你理解问题或者找出正确答案的写写画画的机会。如果问题涉及某些形式的因果关系，其中包含数个步骤，那就使用缩写词或者符号，迅速将这些步骤画下来或者写下来。这可能会帮助你查找关系链中缺失的部分，理解部分之间的关系，并选择正确的答案。

务必遵循指示说明!

阅读并理解问题要求。如果在多项选择题考试中你应该勾选所有正确的答案，而你认为每一个问题只有一个正确答案，那么你会漏掉很多答案!

抓住分分秒秒

不要依赖于挂钟来告诉你时间，请带上手表（不是手机）。

说到时间，不要养成提前出考场的习惯。如果你只是想给老师和其他同学留下所谓的“你第一个完成，你很聪明（自己认为）”的印象，其造成的收获甚微。而且通常情况下，放慢节奏会帮助你避免粗心犯错。

同样，不要考虑其他人在做些什么。留出时间以便最后重新检查你的答案。即使你是考场中的最后一位，谁在乎呢？所以，抓住分分秒秒，做到最好。

应对多项选择题

有三种方式可以应对多项选择题：

1. 从第一个问题开始，逐个问题依次回答，直至最后一个问题，不要跳题，全部答完，不懂的就猜。

2. 先回答简单的问题，即你不假思索便能直接回答或者仅仅需要简单运算就能得出答案的题，然后再回头做较难的题。

3. 先回答最难的问题，将最简单的留到最后。

这三种方式无所谓对错，每一个人可能适合的方式不同。（假设考试形式均可采用这三种方式，那么分值比重不同也会影响你所采用的策略。）

第一种方式在某种意义上是最快捷的。它不需要你浪费时间去阅读整份试卷，尝试挑拣出最难或者最容易的问题。假设你不会被任何问题困住不前，迫使你花费过度的时间，那么这一方式可为大多数人采用。

第二种方式可以保证最大限度地提高答案的正确性，因为你先回答的都是你非常确信的。假设你相对较快地解决了这些简单的问题，这也可以为你节省时间处理那些特别棘手的问题。

许多专家推荐这一方法，他们认为这样答题会直接为你增加信心来解决你不确定的问题。如果你同意这一观点，那么尽可能使用这一策略，但是，你在预读试卷时需要将简单的问题标记出来。

最后一种其实是我使用的方式。事实上，我认为先做最难的问题，然后顺着难度阶梯一路向下，一路顺通。（这意味着我考试时常常从后面的题目做起，因为很多出考卷的人和老师会按照由易到难的顺序出题。）

对你而言，这种方式可能很奇怪，所以请让我解释一下其中涉及的心理知识。我认为如果在考试即将结束时感受到了时间上的压力，我宁愿在剩余的有限时间内回答尽可能多的简单问题，而不是那些我需要静心思考的问题。毕竟，在考试结束时，我的大脑运作可不如一开始那么高效了！

这就是第三种方式的主要好处：在我情绪最振奋、思绪最清晰、大脑最警觉的情况下，我去解决最需要分析、思考和解释的问题。考试接近尾声，当我的大脑感到疲惫时，我去回答实际上直接拿分的问题。

与此同时，我的自信心也逐渐高涨。在我回答了第一个难题之后，我感觉很好。在我完成所有有难度的问题之后，我知道剩下的都是顺风顺水的了。

但是，我总是会确保有足够的时间回答完每一道题。宁愿回答三道，错答一道，也不能答对一道，三道留空。

不要陷入“答题呆滞状态”，在想不出答案的时候，有些学生会茫然地盯着题目长达 10 分钟之久。别闲着。最好继续前进，答错一道题远比浪费宝贵时间不回答其他题目要好得多。

玩排除游戏

猜测答案并没有什么问题，除非你知道回答错误会被扣分。即便答错扣分，也得看看有几分把握，再决定要不要猜。

如果回答错误不扣分，一定要回答。如果每一道单项选择有四个可能的答案，你猜对的概率为 25%。如果你能排除一个答案，回答正确的几率将提高至 33%。

如果你能排除至只剩两个答案，正确的几率就跟掷硬币一样：50-50。即使猜测会扣分，如果我已经将概率降低至 50-50，我可能会选择一个答案。

如果你想更改猜测答案？

统计显示，第一个猜测出的答案的正确率相当高（假设你对你的猜测有一定的依据）。因此，不要改答案，除非以下几种情况：

- 这真的只是胡乱猜测，基于更改进一步思考，你得出结论，该答案应该被排除（在这种情况下，你更改的答案至少不是毫无依据的）。
- 你突然记起来一些信息，完完全全改变了你猜测正确的几率（或者回答后面的问题的时候找到了该问题的答案）。

● 数学题运算错误。

● 题义理解错误，没有注意到题目中含有“不”“不是”“从不”“总是”或类似重要的限定词。

如果有些客观题你确实是蒙的，那试卷发下来之后，就在这些题目旁标上点号或其他符号。这样，你就能够评估出你猜测正确的概率了。

开始做题时就划掉已知的错误答案，这会为你节省时间，在你回头看的时候，你完全可以忽略那些划掉的选项，集中在留下的选项上。虽然只是一个细节，但却能为每一道题省下数秒的时间。

当你完成了一整份试卷，检查一下答题卡和答题纸，确保没有遗漏任何一个页面。

如何在选择题上制胜

● 请注意不要过多地阅读问题。不要试图猜测命题人和寻找不存在的某些模式或者技巧。

● 相比否定类型的选项，正面的选项更可能为正确答案。

● 不要违背你的第一想法，除非你确信自己是错误的。

● 检查会误导你的否定词或其他字词（“以下哪项不是……”）。

● 如果选项中包含“所有”“总是”“从不”或“没有”这些字眼，那通常情况下都是错误选项。同时，答案中包含“有时”“可能”或“一些”，那么有很大几率为正确选项。

● 在你不知道正确选项的情况下，找出那些错误的选项。

- 除非你真的知道每个字词的意思，否则不要轻易排除一个选项。

- 在标准化的考试中，考虑每做完一个部分的试题，将本部分所有答案誊写到答题卡上。

- 最长和最复杂的选项往往是正确的，因为命题人一般会被要求增加限定句或短语，让答案更完整和明确。

- 如果给出的选项连两岁小孩都能选对，那你就要怀疑了。老师为什么会出一道送分题？也许并非如此。如果某一选项看起来很有迷惑性，也先不要排除它。从不同的角度审视，用你自己的话重述，或者在稿纸上写写画画来帮助你理解。

- 如果命题人很少让你选择"上述所有"或者"以上都不是"这样的答案，当出现这样的答案时，它便有可能是正确的。如果你确定至少有两个选项是正确的，那么"上述所有"则为最终正确的答案。即使你只是合理地确定其他选项都是错误的，那么"以上都不是"可能是正确的答案。

攻克阅读理解题

这种类型的考试一般为短文加几个问题这样的形式，这些答案可能以某种形式隐藏在文章之中，你只需要将它们找出来。

我建议以下几种回答阅读理解题的方法：

1. 在做选择之前先阅读问题。它们会提醒你需要去文中寻找的内容，同时也会影响你阅读文章段落的方式。如果提问日期，在文中圈出所有日期；如果你要寻找的是事实而非结论，它又会改变你阅读文章段落的方式。

2. 当你阅读问题时，先确定你认为的答案，也许你的答案恰好就是选项中的一个！

3. 如果你无法很明显地确定出正确答案，慢慢地阅读文章，记住你刚刚读到的问题。不要在文中画太多下画线，但是一定要划出改变句子方向的连接词："但是""尽管""虽然""然而"等等。正因为有这些转折词，这些句子会被当作问题的概率就大了许多。

例如："约翰·史密斯喜欢写作胜过编辑，而他的妻子洛伊斯对后者兴趣则更浓一些。"这一句可能会这样出题："洛伊丝·史密斯喜欢写作还是编辑？"如果你粗心大意，则可能会选择"写作"。

4. 再次阅读问题。反复看，找出第一个、第二个以及随后所有问题的答案。除非第一个问题就难倒了你，否则不要跳过任何一个问题。如果你跳过太多问题，你会感到困惑，而且无法完整或者正确地回答任何问题。

掌握数学选择题

如果你能避免运算，这会为你节省一些时间。比如：你能否在不做任何计算的前提下得出以下问题的答案吗？

$334 \times 412 =$

(A) 54,559

(B) 137,608

(C) 22,528

(D) 229,766

你只需将两个数字的最后一位数（4×2）相乘，便可确定答案尾数为8，从而排除（A）和（D）选项。

现在，认真谨慎地审查（B）和（C）。你可以在脑中演算334×100，得出结果为33,400。所以（C）选项为错误答案，很明显其数字过小。那么最后就只剩下（B）选项。你不需要实际的操作就能找到答案。

以下还有其他方法可以帮助你在数学考试中取得更好的成绩：

● 尝试弄清楚题目在问些什么，其中涉及哪些原则，哪些是重要信息。不要受到无关信息的干扰。确保你知道自己在寻找哪方面的答案：速度、重量、角、指数还是平方根？

● 在进行实际运算之前，预测一下答案。至少，你知道你所在球场的大小。

● 即使你的视觉化/形象化能力没有特别突出，图片依旧能帮得上忙。尝试将烦琐的具体数学问题转换成一张图画或图表。

● 当你检查运算题时，尽量逆向检查。这样很容易就能找出简单的算术错误。

● 整齐地写下所有运算过程。如果慢慢计算，那么你出现错误的几率很小，万一你出现了错误，也很容易就能发现。而且，如果数学老师开明的话，在清楚地看到你演算的过程，且了解一切过程都是正确的，只是没能得出正确的结果，他们也不会扣过多分数的。

● 如果你使用计算器，要立即再复查你的答案。你可能会将数字输错，而第二次输入错误的概率也是相当高的。

● 如果两个数字只是小数点位置不同（其他都很接近），选择其中之一。（例如：2.3、40、1.5、6、15，我会去选择1.5或者15。如果我能从问题中得知小数点的问题，那当然更好！）

50/50 几率不是坏事。判断正误题。

在判断正误题上你要如何提高分数呢？

多数命题人倾向在正误判断中设置多一些"正确"的答案。所以如果你真的无法判断所给陈述句的正误，就猜测它是正确的。如果陈述句中包含某个具体细节，如"成人体内有206块骨头"，这个陈述句很有可能是正确的。

出题人在正误判断中会设下哪些"陷阱"呢？以下几点需要引起注意：

● 两个单独的分句（陈述句）是正确的（或者，至少可能是正确的），但以某种方式组合在一起后，整句话就变成错误的。例如："因为许多鸟会飞，它们用石头来磨碎它们的食物。"许多鸟儿确实会飞，它们也确实会吞下小石头来磨碎胃里的食物来帮助消化。但是这两个分句之间的因果关系（词语"因为"）使得整个陈述句出现了逻辑性的错误。

● 在单项选择题中，最长的或最复杂的选项一般是正确答案。而正误判断则完全相反：正误判断中的陈述句越长或越是复杂，它是正确的可能性则越小。虽然它的每个分句很可能是对的，但也有可能某个单独的部分是错的。

● 毫无例外，几乎所有笼统概括的陈述句都是错误的。当你遇到“所有”“总是”“不”“从不”等很绝对的词语时，你就要注意了。同样的，“有时”“经常”“时常”“通常”“非常”“可能”“也许”“大概”等词语相对而言比较适度。因此，包含这些词语的陈述句通常是正确的。

● 注意双重否定：一个陈述句声称某个事物“并不少见”，其实就是表示它很常见。

● 策略提示：对于老师而言，要使某个陈述句变得错误是很简单的。所以当你阅读某个陈述句时，寻找一些能证明这个陈述句错误的例子。如果找不到例子，你就假定它是正确的。

警惕开卷考试!

开卷考试是所有考试中最难的，即便是通常很“仁慈”的老师，都不会因为把这种考试设计得比海洋钻井说明书还难而心存愧疚。因为你可以翻书查啊！这就好像你可以合法地带小抄进考场不是吗？许多开卷考试同时也是可以带回家作答的，这就意味着你可以回去借助你自己的笔记（或者任何你能想到的书或者工具）。

鉴于你已经预测到考试不会有简单的题目，不管你有多么了解教材，你仍需要做些考前准备：

● 通过给重要的几页折角、别曲别针或者其他方法帮助你快速找到书中重要的图表、表格、总结或者图解。

● 给你折过角的页面写一个索引，帮助你了解该在哪几页找到需要的图表。

- 在一张单独的纸上写下所有的论据、公式等等。
- 如果允许参考笔记或者你计划参考笔记，先给笔记写一个索引（只写笔记标题即可），这样你就知道在哪里能快速找到相关信息。

首先，你要答完所有不需要课本就能回答的问题。然后，再回答你需要完全依赖书本才能回答的问题。小心引用书本的文字。你最好编造一个和书本中类似的例子而不要直接使用一样的例子，即便你使用了引号，把原文换个说法会比直接引用更好。

最难的是，回家作答的开卷考试通常会给学生一周或更长的时间来完成，这就意味着，你更容易拖延。不过，作为平衡，这种考试也有两个好的方面：

第一，你已经得到了“答出最好的试卷”的机会，在没有时间限制的情况下，你没有任何借口不把考试考好。

第二，如果你在普通考试中经常短路的话，那么把考试带回家，在舒适的环境中，你应当不会像普通考试中那么紧张。

论述题如何拿高分？

和任何一种考试一样，你需要给论述题考试安排好时间——只是时间分配上更简单。如果要求你在一个小时内完成三篇论文，你可以每篇文章安排 15 分钟，这就留出了 15 分钟对文章进行检查、校对和修改补充。如果其中一个问题的分值比其他的高，那么就根据情况调整时间分配。

如果第一题安排的时间到点了，不管你这篇写了多少都要立刻停止，开始下一题。全部完成后，你会有时间回头补充的（如果你按照我说的做的话）。

相比于两篇优秀的文章和一篇空白，绝大多数的老师都会给三篇虽然不完整但是质量很高的文章一个更高的总分。

即便你是学校里的金牌写手，在没有做“功课”之前，也千万千万不要开始写作。

首先，认真理解题目。将问题用自己的话说出来，然后对比一下老师的，它们表达的是一个意思吗？如果不是，那就说明你误读了。避免这个问题有一个方法，将问题进行解释并将其作为你的论文的第一句话。即便你误读了老师的问题，你也向他展示了你是如何解读的。如果你的回答和老师想要表达的略有不同，只要写得好，还是有可能得到满分的。

其次，确定自己理解了“指向性动词”的含义。不要在要求“比较与对比”的时候进行“描述”，也不要在要求“论证”的时候进行“解释”。我已经在本章最后总结了一个“最常用指向性动词列表”，解释了每个动词的具体含义。

一个万无一失的计划

这里将介绍一个应对所有写作问题的作答步骤：

第一步：在一张白纸上写下所有你觉得应该包括在文章中的事实、想法、概念以及数据。

第二步：将上述内容按照出场顺序排序。

第三步：写出第一段，它应总结并介绍你在文中要表达的主要观点。这是能否写出好论文的关键。

第四步：开始写作，字迹一定要清晰。我所知道的绝大多数老师都不会费尽心思去“解码”写得龙飞凤舞的论文，同样也不会给这种文章高分。如果允许（鼓励，甚至要求）使用笔记本电脑或者平板电脑打字，那么你就能躲过这个隐患。

第五步：重读你写的论文，如果需要的话将遗漏的重点补充进去，修改拼写和语法错误，并尽可能地润色文章。同样需要注意有没有粗心的遗漏，这有可能导致严重的后果——缺少一个“不是”就会让你想表达的意思变得完全相反。

不要因为做不必要的猜测和不确定的因素导致失分。如果你觉得某件事发生在1784年,但是又担心可能发生在1794年,那就写成“在18世纪末”。后者可能不会让你失分，但是如果你写错年份的话那肯定是要扣一到两分的。

切记：很少有老师会被文章的长度打动。一篇条理清晰、结构完整、有的放矢的文章，总会比一篇面面俱到只为沾到边的文章得分高；一篇尽管你知道不多但分析深入的文章，通常比一篇写了很多但是都浅尝辄止的文章得分高。

问答题中常见指向性动词一览表

比较	调查两个或两个以上的物品、想法或人物等，并写下相同点和不同点。
对比	区分出不同点。类似于区分和辨别。
评论	判断并讨论优缺点。
阐明	解释本质。
描述	描述外观、本质、特性等等。
讨论	通过辩论、评价来思考或检查；辩论；寻找解决方案。
列举	列出各种事件、事物、描述、想法等。
评价	评估一个想法、评论等的价值，并证明你的结论。
解释	将某事物的意义清楚明白、简单易懂地讲出。
举例说明	用详细的例子或类比来解释。
诠释	通过释意、翻译或者基于个人观点的解释来给出某事物的意义。
证明	维护一个陈述或者结论。
叙述	再现某事的发生，通常按照事情发生的顺序写出细节，类似于描述，但是仅限于已发生的事情。
概述	通过概括或者报告的方式，指出一本书或者某事物的主要特征。
证实	通过证据证明。(在数学中要通过计算步骤展示。)
联系	说明一件事情或者状况，通常要建立与其他事物的联系。
检查	调查一个主题、事件或者想法，不要求十分详细但是需要具有批判性，类似于描述、讨论、举例说明、概述、总结和追究。有的老师会把他们混用为一个意思，虽然意思上有细微的不同。
陈述	准确明了地将事实展示出来。可能会与说出名称、列举、指出、鉴定、列举等混用。
总结	陈述的简明形式，不需要例子和细节。
回溯	跟随某事件或想法等的进程或历史。

不要太在意个别词汇，把精力放在主要信息上。极力组织好你的答案，并写得简明易懂，不过分追求给人留下深刻印象。切记要言简意赅，从而不让老师陷入从句的噩梦之中无法自拔。

如果你完全不知道如何作答，那就把题目空着。把时间留给其他的部分，从而更好地回答其他部分的问题。

考试的最后阶段抓紧时间检查你的论述题和其他问题的答案。确认所有的文字和数字都可以让人辨识、问题和答案没有写串行，甚至要看看有没有因为翻页太快或者没有注意到缺页导致某一个部分没有写。确认你再也没法给你的论文补充哪怕一丁点儿内容了。

没时间了怎么办?

你也许会发现只剩两分钟了，而你还有一道论述题没答，该怎么办呢?此时你应当以最快速度把所有你认为应该包括在文章中的信息点都写下来，并按照你要写的顺序标上序号。如果你还有时间将你的笔记重新整理成一个明晰的提纲的话，抓紧时间写。如果你的提纲包括了所有答案中应该有的信息，很多老师会至少给你一部分分数，因为它至少证明了你知道很多关于主题的知识，并且能够给出一个合理的框架。

应对大型考试

各种各样的大学和研究生录取考试——SAT、ACT、LSAT、GRE 等等——都有它们自己的分数。这些考试，就像我四年大学毕业的口头考试一样，并不针对任何一科课程或某个年级。相反，这类考试主要测试你的应用数学概念能力、阅读理解能力和语言能力。

长达三个半小时的 ACT 考试包括了超过 200 道单选题，分为四个部分——英语、数学、阅读和自然科学——此外还有可选的时长为 40 分钟的写作测试。它标榜自己是“成就测验”，将 SAT 定义为“能力倾向测验”。

美国大学理事会正在致力于设计新版的时长为三小时的 SAT 考试，它将在 2016 年首次实施，考试恢复了先前的 1600 分制（阅读和数学各 800 分），将 50 分钟的写作变为可选。理事会同时也在为 10 年级和 11 年级学生设计新的 PSAT 考试。

SAT 考试让你处在了猜答案的不利地位，而 ACT 考试则不会。尽管这些考试时间不长，但你可以通过练习来应对这种标准化考试。对英语和数学扎实的复习是必须的。

社会上有各种各样的专业机构帮助学生准备这些考试——你上学的学校甚至都有可能为自己的课程提供辅导——还有很多书店在销售一系列的备考指南。你可能会考虑花钱去上这些辅导课程——比如 Stanley Kapla，Princeton Review，BAR/BRI——或者至少去买一本典型的备考书籍。

因为这些考试确实是标准化的，学习并应用一定的相关技巧，练习历年真题，可以显著提高你的分数。即使仅仅因为你感觉放松得多，并且对于自己学会了什么有了更好的认识，也对提高分数有帮助。

你可能经常听人说，你的 SAT 或者 ACT 成绩将决定未来你是大获成功在最高档的餐厅吃饭，还是当个杂务员洗盘子。那么这些分数对于高校录取和你的余生到底有多重要呢？

目前来说还是很重要的，但是对于你想上的学校来说已经不是必须的了。

超过 850 所高校——这个数字虽然只是众多高校中的一小部分但是也是一个很大很惊人的数字了——在录取时已经不再要求 SAT 或者 ACT 成绩了。

尽管这类考试是一种预测学生未来能否成功的方式，但是无论如何，它们也不是完美的，考试得出的结论也不是和学生绑定终身的。很多人在这种标准化考试中考得不是特别好，但是在未来的人生中还是成功了。

重要信息：很多标准化考试都只能机考（即 CAT——计算机考试模式）。机考的重要考试包括 GMAT、GRE 和 TOFEL，还有一些授权考试（但是没有 SAT 和 ACT，至少现在没有）。

这意味着什么？只能机考的考试要求你采取不一样的考试策略，原因有二：第一，你无法回过头答之前的题。第二，你也无法跳过某一题答完下一道再回过头来答。所以要确定你参加的是机试还是笔试，然后再根据考试来练习（并制定策略）！

四、给家长的建议

很多家长把孩子的成绩看得太重了，以下是我的建议：

- 不要对于孩子的分数过分焦虑。过度强调分数会让孩子很沮丧，特别是孩子已经因为压力很受伤了。

● 害怕失败的孩子更容易在考试中犯错，家长要帮助孩子对做的事情有信心。

● 不管考试多重要，不要仅通过一个分数判断孩子。没有一个考试能完美到完全衡量一个孩子能做什么或者学到了什么。

● 经常和孩子的老师联系。老师对孩子的评价比一场或多场考试更能衡量孩子的表现。

● 确定你的孩子没有逃学，不上课肯定考不好的。

● 保证孩子有充足的睡眠，特别是重要考试前夜。人困分数低。

● 和你的孩子一起总结考试，告诉他可以从一份改好的试卷中学到什么。这一点在数学和自然科学两科中尤为重要，因为新的概念都是建立在前一个概念里的。

● 检查错题。总结出为什么会答错。这可以检查出孩子答错是因为不知道正确答案，还是因为没有正确理解题意。

● 研读老师的所有评语，特别是你的孩子得低分的时候。

考前准备

班级：________________ **老师：**____________________

考试日期：____________ **考试时间：**_______ **至** _______

考试地点：____

对我自己的特殊指示：（如携带计算器、字典等）

____

____

____

____

____

____

本次考试我需要学习的材料（勾选所有需要的）：

_______ 课本　　_______ DVD/ 视频

_______ 练习册　　_______ 之前的试卷

_______ 随堂笔记　　_______ 其他

_______ 讲义

考试题型（判断正误、作文等，每种题型的分值）

____

____

____

____

____

____

学习小组会议（时间、地点）

1. ____________________

2. ____________________

3. ____________________

4. ____________________

5. ____________________

6. ____________________

7. ____________________

8. ____________________

考试范围

说明主题、来源、所需复习（轻重）次数。每复习完成一条，则划掉一条。

主题	来源	复习

考试后

预计分数：__________ 实际得分：__________

我所做的哪些事情对我有帮助？

____

____

____

____

____

____

____

____

____

____

还有哪些我本该做但没有做的？

____

____

____

____

____

____

____

____

____

____

庆祝你的成功

我为你感到骄傲。通过这本书，你取得了很大的进步。以下是我最后的建议：

- 从头到尾阅读本书。这就像把同一部电影看第二遍一样，你总能找到一些第一次错过的东西。
- 勤加练习。你有理由为之前的考试不及格开脱，是因为你并不知道如何学习。现在你没有任何理由。
- 给我写信或邮件，告诉我什么建议帮助到了你，以及你现在在学校学习有多棒。

聪明人都在玩的脑力游戏系列

《如何培养数字脑》

《如何培养逻辑脑》

《如何培养几何脑》

《如何培养推理脑》

英国家喻户晓的脑力训练系列经典！

让你变聪明的神奇口袋书！

挑战大脑！ 50 道趣味游戏题让你变身思维高手！

作者：查尔斯·菲利普斯

英国国宝级脑力训练专家，曾受邀为英国皇室成员教授脑力提升课程，因培养出多位世界记忆冠军而闻名全英。

8 次世界记忆冠军
多米尼克 2016 年新作，

内含 26 种记忆方法，
24 套记忆训练题

书　　名：《多米尼克的记忆魔法书》
作　　者：[英] 多米尼克 · 奥布莱恩
出 版 社：九州出版社
定　　价：36.00 元

★ 本书所教授的是全英中小学推荐采用的学习记忆法，不但可以提高学习成绩，记忆大量重要信息，更可以改变大脑结构，帮助成年人打破“年纪越大记忆力越衰退”的魔咒，让你的记忆永不褪色；

★ 多米尼克 16 岁时因脑子不好使而辍学，30 岁时才投身记忆训练，4 年后便获得世界记忆冠军，足以证明其独创的记忆方法具有强大效果；

★ 跟《我最想要的记忆魔法书》《52 周记忆魔法实战手册》相比，本书重点介绍与记忆有关的各种原理、趣闻及实用方法，读起来比较轻松，更能使读者对学习记忆法产生兴趣，同时也是对其他书的有益补充。

英国国宝级记忆训练大师
查尔斯·菲利普斯经典之作！

书　　名：《记忆魔法大练兵——
　　　　　72 套神奇的记忆魔法实战训练题》
作　　者：[英] 查尔斯·菲利普斯
出 版 社：九州出版社
定　　价：36.00 元

你会怎么记忆 593648726915 这串数字？死记硬背？转换编码？还是用谐音记忆……只有每天都会用到的记忆法，才是最适合自己的。

在本书中，作者抛开繁杂深奥的理论，通过 72 个日常生活小故事设计成 72 套记忆实战训练题，层层激活你的大脑，帮你把记忆力发挥到极限，并在这个过程中找到最适合自己的记忆方法。打开本书，你将遇到：

1、记忆力基准测试——12 道初级记忆题，帮你打开大脑引擎，摸清自己的记忆水平。
2、记忆力奇趣大作战——更高一级的记忆大闯关，48 个妙趣横生的小故事，48 套精心设计的记忆训练题，再现日常生活场景，提升你的联想、视觉想象、逻辑关系、思维创意和专注力，帮你找到最适合自己的记忆方式。
3、记忆力升级测试——记忆关卡再次升级，带你突破自己的记忆极限，检测记忆训练效果，你会发现，你的记忆力已经有了神奇的变化！

试着用 30 秒记忆这个随机设置的密码：
Jaw34XL**opt314